NOTICE

SUR LES

SOLENNITÉS DE ROME

A L'OCCASION DE LA CANONISATION

DES MARTYRS JAPONAIS

SUIVIE

DES DOCUMENTS OFFICIELS ET DU DISCOURS

DE

MGR DUPANLOUP

ÉVÊQUE D'ORLÉANS

MARSEILLE

IMPRIMERIE Ve MARIUS OLIVE, RUE PARADIS, 68

1862

SOLENNITÉS DE ROME

La grande assemblée d'Evêques convoquée par Pie IX a déjà pris rang parmi les événemens les plus mémorables de notre siècle. Au moment où la Papauté semblait plus menacée, plus affaiblie que jamais, un mot du Pontife suprème a suffi, et des contrées les plus lointaines du monde, deux cent quarante évêques sont accourus, escortés de milliers de prêtres et de pèlerins, pour attester la force impérissable de l'unité catholique. Ils sont venus s'unir à la fois dans un grand acte de fidélité au Saint-Siége et dans la glorification des martyrs proposés à leur imitation.

Ces martyrs, que le monde avait oubliés, mais que l'Eglise gardait dans la mémoire de son cœur maternel, avaient subi la mort, depuis trois siècles déjà, aux extrémités du monde. Ils avaient péri dans ce mystérieux Japon qui, bientôt après et jusqu'à nos jours, demeura fermé aux étrangers. Mais la civilisation chrétienne, dont ils furent les précurseurs, reprend ses droits dans l'extrème Orient; le Japon se rouvre, et l'Eglise Romaine, embrassant du même regard tous les continens, veut que l'Europe et l'Asie se rapprochent dans une même fête, que l'univers catholique y assiste en la personne de ses plus vénérés représentans; et cette convocation aussitôt obéie que connue devient, comme toutes les grandes inspirations de la Papauté, la source féconde d'un nouvel ordre de faits. Comme le chantait le poète latin à l'approche de la naissance du Sauveur :

Novus rerum jam nascitur ordo.

Un évêque français monte en chaire, et, dans un discours désormais historique, il convie les chrétiens d'Occident à une croisade de charité pour venir au secours des Eglises renaissantes d'Orient. Cette assemblée avait lieu le 4 juin. Le 8, à Saint-Pierre, le Pape célèbre la canonisation des vingt-six martyrs japonais et d'un saint prêtre espagnol qu'il associe à leur gloire. Nous n'essaierons pas ici de retracer l'incomparable majesté de cette cérémonie où tout, suivant l'expression de l'un des heureux témoins, fut d'une grandeur écrasante, et le temple, et l'assistance, et la splendeur des costumes, et l'émotion des chants religieux, répétés par la voix de tout un peuple. Le lendemain réunissant, en Consistoire, tous les prélats qui ont assisté à l'auguste cérémonie, le successeur légitime du Prince des apôtres donne lecture d'une allocution qui signale et condamne les principales erreurs opposées de nos jours à la félicité des peuples, et l'on voit alors ce spectacle unique au monde d'un pouvoir qui, ne perdant jamais de vue les principes de la société, au milieu même de l'éclat des plus magnifiques fêtes, soulève et résout avec son infaillibilité doctrinale les plus grands problèmes dont l'humanité puisse s'occuper, les questions de vie ou de mort des âmes. Mais tout n'est pas fini là. Un vieillard, couvert de la pourpre romaine, le doyen du Sacré-Collége, s'avance vers le trône pontifical; il tient en main une Adresse signée de tous les Evêques présens: il la lit de sa voix émue et vénérable, et l'on entend dans cette salle du Vatican la déclaration de l'Episcopat catholique, sentence de réprobation sur tous les attentats commis ou médités contre l'indépendance de l'Eglise, promesse solennelle de dévouement jusqu'au martyre même, *usque ad carcerem, usque ad mortem.*

On ne demandera donc plus désormais, dans une certaine presse, pourquoi ces fêtes, pourquoi cette glorification prétendue tardive ou inopportune des Japonais crucifiés. L'Eglise chez qui tout arrive à son heure, et qui est patiente comme Dieu parce que, comme lui, elle est éternelle, l'Eglise avait été visiblement inspirée dans son appel aux Evêques. Elle n'avait rien commandé, rien dicté, et tout est sorti spontanément de cette pensée féconde, comme la germination d'une semence divine, tout s'est développé comme la floraison d'une plante qui vit placée au-dessus des atteintes des hommes et sur laquelle les tempêtes d'ici-bas ne peuvent rien.

Nous ne venons pas refaire ici le récit détaillé de ces grandes et immortelles journées; mais bien plutôt en résumer les conséquences morales, en réimprimant les deux documens qui leur survivent, l'allocution pontificale et l'adresse des Evêques.

Pour tout récit, nous nous bornerons à emprunter une citation au plus important des journaux anglais et protestans, au *Times*. Nous le ferons suivre d'une courte notice sur les martyrs, premier objet de ces solennités catholiques, et nous terminerons par les deux documens dont nous venons de parler plus haut, et par l'éloquent discours de Mgr Dupanloup en faveur des chrétiens d'Orient.

En présence du déchaînement de la presse révolutionnaire de France contre Rome et ses dernières fêtes, on lira avec un profond intérêt, et l'on regardera comme une leçon en quelque sorte providentielle, le récit du correspondant anglais qui avait été chargé d'envoyer au *Times* la description des belles cérémonies de la canonisation. Nous croyons ne pouvoir communiquer aux lecteurs rien de plus intéressant, dans les circonstances actuelles, que les quelques extraits suivans de cette lettre attribuée à M. Russell, l'habile écrivain protestant qui s'est fait remarquer par le talent avec lequel il a décrit les grands événemens militaires de notre temps, depuis le siége de Sébastopol jusqu'à la guerre des Etats-Unis. Laissons parler le correspondant protestant :

Il est impossible de vous donner une idée des sentimens éveillés par l'apparition du Saint-Père dans le cœur de ces hommes venus de toutes les parties du monde pour voir le représentant de saint Pierre, le dépositaire de l'Esprit Saint, moitié homme, moitié Dieu à leurs yeux, et dont ils se sont si souvent occupés dans leurs conversations et leurs lectures, et pour qui ils ont prié dès leur tendre enfance.

« *Le Saint-Père ! Le Saint-Père !* » s'écriaient les prêtres français. « *Il Santo-Padre !* » criaient les Italiens, Allemands, Espagnols, Américains, tous manifestaient le même dévouement, chacun dans sa langue. « A côté de moi se trouvait un Anglais *perverti* (1) ; » car c'est ainsi qu'on l'appelle, et je déteste ce mot, comme si, dans l'Angleterre protestante et libre, la liberté de conscience était un crime. Elevé à Oxford, il a tout sacrifié pour sa nouvelle foi : rang, famille, fortune, et il était touchant de voir le sentiment profond que la vue du Saint-Père éveillait en lui. En portant mes regards sur ce vaste océan de têtes qui s'étendait au loin entre moi et la procession, je vis que tout le monde était à genoux, au moment où Pie IX, le bienveillant, le bon (il n'est que juste de l'appeler ainsi) s'avançait sous le vaisseau du temple. Les voix célestes des chantres du Vatican faisaient entendre « *Tu es Petrus*, » et ces voix affaiblies plutôt qu'adoucies par la distance, se répandaient dans l'édifice comme des esprits. Par intervalle, un autre groupe chantait *Ave Maris Stella*, et c'est ainsi que le Pape fut porté, à travers 50,000 fidèles venus de tous les pays éclairés par le soleil, jusqu'au grand autel, derrière le tombeau de l'apôtre.

Les chantres du Pape entonnaient bientôt après le *Kyrie Eleison*; le chant est repris par la foule et roule de vague en vague sur cette vaste mer. Les litanies des saints chantées par des milliers et des milliers de voix produisent un effet grandiose, que je n'ai jamais entendu, capable d'électriser quiconque était doué de la moindre sensibilité. Puis, des prières sont offertes, et le *Veni Creator Spiritus* est entonné par l'immense multitude. Les accens de cet hymne sont si touchans, ils s'élevaient et se développaient avec tant de douceur et de puissance en se répandant sous les voûtes et dans le transept, que l'effet en était accablant (*overwhelming*). Je me trouvai fixé sur mon siége et presque suffoqué d'émotion. Je laissai la raison à la porte ; la raison peut-elle conserver son empire en présence de pareilles scènes. Si l'archevêque Whately avait assisté à cette cérémonie, il aurait brûlé sa *logique* et se serait laissé entraîner, comme moi, par ce torrent d'émotion qui m'emportait irrésistiblement.

Le correspondant du *Times*, dont nous regrettons de ne pouvoir reproduire le style coloré et profondément sympathique, termine sa lettre par ces graves réflexions :

Si l'on descend un peu sous la surface, on voit que les effets moraux de cette grande cérémonie ont été grands ; j'en ai décrit quelques-uns. Le chant d'une vaste multi-

(1) Converti.

tude est toujours imposant ; mais lorsque cette multitude
est composée de personnes venues de tous les points du
globe, toutes unies entre elles par la même opinion et le
même sentiment et lorsqu'elles expriment ce sentiment
et cette opinion dans un temple qui est une merveille de
l'art, des accens d'une douceur sacrée ou d'une grandeur
imposante, accens consacrés par l'antiquité et plus encore par les affections et les souvenirs de la famille et de
l'amitié, vous serez d'accord avec moi pour déclarer que
l'effet moral a été grand, au-delà de toute description possible.

Quant à l'aspect religieux de la fête, je n'ai pas à m'en
occuper. Je réclame pour mes opinions le respect que j'ac-
corde à celle des autres ; mais ceux là sont bien légers ou
bien ignorans qui s'imaginent qu'un trait de plume ou la
publication d'un traité suffiront pour détruire une religion à laquelle se mêlent les affections les plus vives du
cœur, ou bien qu'ils sont destinés, eux ou leurs petits enfans, à voir la chûte d'une Eglise dont les fondemens sont
établis sur une sol formé par des siècles accumulés.

Après les détails que l'on vient de lire, on comprendra
mieux encore la grande ovation qui s'est renouvelée quatre
jours après dans le Camp Prétorien, et cette conclnsion d'une
lettre écrite de Rome au journal le *Monde*, par l'un de ses
meilleurs rédacteurs :

Le 12 a été un beau jour pour le Pape, l'armée, le mi-
nistre, Rome, l'Europe entière représentée au camp des
Prétoriens. Toutefois, le Pape ne se fait pas d'illusions et
ne cherche pas à en inspirer.

Plus d'une fois son geste, son regard semblaient dire à
ses fidèles soldats : *Hi in curibus et hi in equis, nos autem
in nomine Domini.*

Dans ces cris enthousiastes qui saluaient le Pape, il y
avait un indicible mélange d'espérance et d'appréhension
filiale. L'ennemi est aux portes, et sa confiance inquiète.
L'heure des ténèbres va-t-elle sonner ? Quoiqu'il en soit,
on sentait, dans chaque poitrine, le frémissement de ce cri
vainqueur : *Victoria quæ vincit mundum, fides nostra!*

V. DE MAUMIGNY.

On le voit, Rome ne se dissimule pas la possibilité, l'im-
minence peut-être d'une crise ; mais elle garde toute sa confiance dans les promesses divines d'une victoire déjà tant de
fois répétée.

LES MARTYRS DU JAPON

Dans les premiers jours de décembre 1596 , à Méaco capitale du Japon, des gardes vinrent entourer la maison où demeuraient les missionnaires franciscains récemment arrivés, et quelques jours plus tard on signifia aux révérends pères la sentence par laquelle l'empereur Taïsma les condamnait, avec les Japonais qu'ils avaient convertis, tous ensemble au nombre de 24, à être crucifiés à Nangasaki. La sentence s'appliquait à six franciscains, à quinze laïques japonais du tiers-ordre de Saint-François et à trois frères servans d'origine japonaise et appartenant à l'ordre des Jésuites. On mit un cruel raffinement dans l'exécution de la sentence. Le 3 janvier 1597 , les mains attachées derrière le dos ; les prisonniers furent traînés à travers les rues de la capitale, puis on leur coupa à chacun une partie de l'oreille gauche. L'ordre était de couper le nez et les deux oreilles , mais l'officier touché d'une piété secrète, crut pouvoir risquer cet adoucissement.

Les prisonniers, à demi-nus, au cœur de l'hiver, durent faire à pied, exposés aux outrages des païens, les six cents milles qui séparent la capitale de Méaco du port de Nangasaki, lieu de l'exécution.

Chemin faisant , ils furent consolés par des pères de la compagnie de Jésus, par l'évêque Martin et par des simples laïques japonais. Deux de ces derniers durent même à l'obstination qu'ils montraient à les suivre la gloire de partager leur martyre. Et vingt-six serviteurs de Jésus montèrent un nouveau calvaire.

Vingt six croix avaient été dressées sur une des collines, qui dominent Nangasaki. Le père-commissaire des franciscains avait demandé comme une faveur d'être cloué sur la sienne. Cette faveur lui fut refusée ; il baisa du moins le bois sacré avant de le rougir de son sang.

Tous y furent attachés par des anneaux de fer qui serraient leurs jambes et leurs bras, et deux lances qui traversèrent le corps de chacun d'eux , de l'épaule au flanc opposé ajoutèrent une sorte de croix de saint André à la croix de Jésus-Christ.

Avant d'exhaler leur dernier soupir, ils purent rendre témoignage de leur foi en adressant des paroles suprêmes à la multitude qui les environnait et qui, malgré les gardes et de terribles défenses, se précipitèrent vers eux pour recueillir leurs adieux et leur sang. Ce martyre solennel eut lieu le 5 février 1597.

Le lieu de l'exécution appelé depuis *champ des martyrs*, fut toujours salué par le canon des vaisseaux portugais à leur entrée dans le port. Les chrétiens l'avaient environné d'une palissade et d'une haie de bambous ; des roses et des fleurs croissaient dans les trous où avaient été les croix ; plus tard, vingt six arbres et enfin la croix du rédempteur y furent plantés.

Le pape Urbain VIII confirma le martyre des 26 suppliciés de Nangasaki, par décret du 10 juillet 1627.

Par un autre décret du 14 septembre de la même année, il accorda la permission de célébrer l'office des 23 enfants de Saint-François, déclarant que l'on pouvait traiter la cause de leur canonisation.

Ce décret équivaut à ce que, dans le langage de l'église, on appelle la *béatification*.

Le 15 septembre suivant la même qualité de *bienheureux* fut étendue aux trois membres de la compagnie de Jésus.

ALLOCUTION

PRONONCÉE

PAR SA SAINTETÉ PIE IX

———

Vénérables frères,

Nous avons été pénétrés d'une joie profonde, lorsque nous avons pu hier, avec l'aide de Dieu décerner les honneurs et le culte des saints à vingt-sept intrépides héros de notre divine religion, et en vous possédant à nos côtés, vous qui, doués d'une si haute piété et de tant de vertus, appelés à partager notre sollicitude au milieu de temps si douloureux, combattant vaillammeut pour la maison d'Israël, êtes pour Nous une consolation et un appui souverains. Plût à Dieu que, pendant que nous sommes inondés de cette joie, aucune cause de chagrin et de deuil ne vînt nous contrister d'ailleurs ! En effet, nous ne pouvons pas ne pas être accablés de douleur et d'angoisses, lorsque nous voyons les dommages et les maux si tristes et à jamais déplorables dont l'Eglise catholique et la société civile elle-même sont misérablement tourmentées et opprimées au grand détriment des âmes. Vous connaissez en effet, vénérables frères, cette guerre implacable déclarée au catholicirme tout entier par ces mêmes hommes qui, ennemis de la croix de Jésus-Christ, impatiens de la saine doctrine, unis entre eux par une coupable alliance ignorent tout, blasphèment tout, et entreprennent d'ébranler les fondemens de la société humaine, bien plus, de la renverser de fond en comble si cela était possible ; de pervertir les esprits et les cœurs, de les remplir des plus pernicieuses erreurs, et de les arracher à la religion catholique. Ces perfides artisans

de fraude, ces fabricateurs de mensonges ne cessent pas de
faire sortir des ténèbres les monstrueuses erreurs des anciens
temps, déjà tant de fois réfutées et vaincues par les plus sa-
ges et les plus savans écrits et condamnées par les plus sé-
vères jugemens de l'Eglise; de les exagérer en les revêtant
de formes et de paroles nouvelles et fallacieuses et de les pro-
pa er partout et de toute manière Avec cet art détestable et
vraiment satanique, ils souillent et pervertissent toute science ils répandent pour la perte des âmes un poison mortel,
ils favorisent une licence effrénée et les plus mauvaises passions ; ils bouleversent l'ordre religieux et social ; ils s'efforcent de détruire toute idée de justice, de vérité, de droit,
d'honneur et de religion, et ils tournent en dérision, insul-
tent et méprisent la doctrine et les saints préceptes du Christ.
L'esprit se refuse et recule d'horreur à toucher même légè-
rement, les principales de ces erreurs pestilentielles par lesquelles ces hommes dans nos temps malheureux troublent
toutes les choses divines et humaines.

Personne de vous n'ignore, vénérables frères, que ces hommes détruisent complétement la cohésion nécessaire qui, par
la volonté de Dieu, unit l'ordre naturel et l'ordre surnaturel,
et qu'en même temps ils changent, renversent et abolissent le
caractère propre, véritable, légitime de la Révélation divine,
l'autorité, la constitution et la puissance de l'Eglise. Et ils en
arrivent à cette témérité d'opinion qu'ils ne craignent point
de nier audacieusement toute vérité, toute loi, toute puissance, tout droit d'origine divine; ils n'ont pas honte d'affirmer que la science de la philosophie et de la morale, ainsi
que les lois civiles, peuvent et doivent ne pas relever de la révélation et décliner l'autorité de l'Eglise ; que l'Eglise n'est
pas une société véritable et parfaite, pleinement libre, et
qu'elle ne peut pas s'appuyer sur les droits propres et permanens que lui a conférés son divin fondateur; mais qu'il
appartient à la puissance civile de définir quels sont les droits
de l'Eglise et dans quelles limites elle peut les excercer. De
là, ils concluent à tort que la puissance civile peut s'immiscer
aux choses qui appartiennent à la religion, aux mœurs et au
gouvernement spirituel, et même empêcher que les prélats et
les peuples fidèles ne communiquent librement et mutuellement
avec le Pontife romain, divinement établi le pasteur suprême
de l'Eglise ; et cela afin de dissoudre cette nécessaire et très
étroite union qui, par l'institution divine de Notre Seigneur
lui-même, doit exister entre les membres mystiques du corps
du Christ et son Chef vénérable. Ils ne craignent pas non plus
de proclamer avec ruse et fausseté, devant la multitude, que
les ministres de l'Eglise et le Pontife romain doivent être
exclus de tous droits et de toute puissance temporelle.

En outre, ils n'hésitent pas, dans leur extrême impudence, à affirmer que non seulement la révélation divine ne sert
à rien, mais qu'elle nuit à la perfection de l'homme', qu'elle
est elle-même imparfaite et par conséquent soumise à un pro-

grès *continu et indéfini* qui doit répondre au progrès de la
raison humaine. Aussi osent-ils prétendre que les prophéties
et les miracles exposés et racontés dans les livres sacrés
sont des fables de poètes. que les saints mystères de notre
foi sont le résultat d'inventions philosophiques , que les
livres divins de l'Ancien et du Nouveau Testament ne contiennent que des mythes et , ce qui est horrible à dire , que
Notre Seigneur Jésus-Christ est une fiction mythique. En con-
séquence, ces turbulens adeptes de dogmes pervers soutien-
nent que les lois morales n'ont pas besoin de sanction d vi-
ne, qu'il n'est point nécessaire que les lois humaines se con-
forment au droit naturel ou reçoivent de Dieu la force obliga-
toire, et ils affirment que la loi divine n'existe pas. De plus,
ils nient toute action de Dieu sur le monde et les hommes, et
ils avancent témérairement que la raison humaine, sans aucun respect de Dieu. est l'unique arbitre du vrai et du faux,
du bien et du mal ; qu'elle est à elle-même sa loi , et qu'elle
suffit par ses forces naturelles pour procurer le bien des hommes et des peuples. Tandis qu'ils font malicieusement déri-
ver toutes les vérités de religion de la force native de la raison humaine , ils accordent à chaque homme une sorte de
droit primordial par lequel il peut librement penser et parler
de religion et rendre à Dieu l'honneur et le culte qu'il trouve
le meilleur selon son caprice.

Or, ils en viennent à ce degré d'impiété et d'impudence
qu'ils attaquent le ciel et s'efforcent d'éliminer Dieu lui-même. En effet, dans une méchanceté qui n'a d'égale que leur
sottise, ils ne craignent pas d'affirmer que la divinité suprême, pleine de sagesse et de providence, n'est pas distincte de
l'universalité des choses , que Dieu est la même chose que la
Nature, sujet comme elle aux changemens, que Dieu se confond avec l'homme et le monde. que tout est Dieu, que Dieu
est une même substance , une même chose que le monde, et
par suite qu'il n'y a point de différence entre l'esprit et la
matière, la nécessité et la liberté , le vrai et le faux , le bien
et le mal, le juste et l'injuste. Certes , rien de plus insensé,
rien de plus impie, rien de plus répugnant à la raison même
ne saurait être imaginé. Ils font dérision de l'autorité et du
droit avec tant de témérité qu'ils ont l'impudeur de dire
que l'autorité n'est rien. si ce n'est celle du nombre et de la
force matérielle, que le droit consiste dans le fait, que les devoirs des hommes sont un vain mot et que tous les faits hu-
mains ont force de droit.

Ajoutant ensuite les mensonges aux mensonges, les délires
aux délires. foulant aux pieds toute autorité légitime , tout
droit légitime, toute obligation , tout devoir , ils n'hésitent
pas à substituer à la place du droit véritable et légitime le
droit faux et menteur de la force à subordonner l'ordre moral à l'ordre matériel. Ils ne reconnaissent d'autre force que
celle qui réside dans la matière. Ils mettent toute la morale,
tout l'honneur à accumuler la richesse par quelque moyen que

ce soit et assouvir toutes les passions dépravées. Par ces principes abominables, ils favorisent la rébellion de la chair contre l'esprit; ils l'entretiennent et l'exaltent, et ils lui accordent ces droits et ces dons naturels qu'ils prétendent méconnus par la doctrine catholique; méprisant ainsi l'avertissement de l'apôtre, qui s'écrie : « Si vous vivez selon la chair,
vous mourrez; si vous mortifiez la chair par l'esprit, vous vivrez » (Ad Rom. ch VIII v. 13) Ils s'efforcent d'envahir et
d'anéantir les droits de toute propriété légitime, et ils imaginent, par la perversité de leur esprit, une sorte de droit *affranchi de toute limite*, dont, selon eux, jouirait l'Etat, dans
lequel ils prétendent témérairement voir la source et l'origine
de tous les droits.

Mais pendant que nous parcourons rapidement et avec douleur ces erreurs principales de notre malheureux siècle, nous
oublions de rappeler, vénérables frères, tant d'autres faussetés presque inombrables que vous connaissez parfaitement et
à l'aide desquelles les ennemis de Dieu et des hommes s'efforcent de troubler et d'ébranler la société sacrée et la société civile. Nous passons sous silence les injures, les calomnies, les outrages si graves et si multipliés dont ils ne cessent
de poursuivre les ministres de l'Eglise et ce siége apostolique Nous ne parlons pas de cette hypocrisie odieuse avec
laquelle les chefs et les satellites de cette rébellion et de ce
désordre, surtout en Italie , affectent de dire qu'ils veulent
que l'Eglise jouisse de sa liberté , tandis qu'avec une audace sacrilége, ils foulent aux pieds de plus en plus chaque
jour les droits et les lois de cette Eglise , la dépouillent de
ses biens, persécutent les prélats et des ecclésiastiques noblement voués à leur ministère , les emprisonnent , chassent
violemment de leurs asiles les disciples des ordres religieux
et les vierges consacrées à Dieu, et ne reculent devant aucune
entreprise pour réduire à une honteuse servitude et pour opprimer l'Eglise.

Pendant que votre présence si désirée nous cause une allégresse particulière, vous êtes témoins vous-mêmes de la liberté qu'ont aujourd'hui en Italie nos vénérables frères dans
l'épiscopat, qui, combattant avec courage et persévérance les
combats du Seigneur, ont été, à notre profonde douleur, empêchés de venir vers nous et de se trouver avec vous, d'assister à cette assemblée, ce qu'ils désiraient si vivement , ainsi
que les archevêques et évêques de la malheureuse Italie nous
l'ont fait savoir par leurs lettres toutes remplies, envers nous
et envers ce Saint Siége, d'amour et de dévouement. Vous ne
voyez non plus ici aucun des prélats du Portugal , et nous
sommes vivement affligés en considérant la nature des difficultés qui se sont opposées à ce qu'ils prissent le chemin de
Rome Nous omettons aussi de rappeler les tristes horreurs
que les sectateurs de ces perverses doctrines accomplissent,
à la cruelle désolation de notre cœur, du vôtre et de celui des
gens de bien. Nous ne disons rien de cette conspiration im

pie,de ces manœuvres coupables et fallacieuses par lesquelles ils veulent renverser et détruire la souveraineté temporelle de ce Saint-Siége. Il nous plaît davantage de rappeler
cette admirable unanimité avec laquelle vous-mêmes , unis à
tous les vénérables prélats de l'univers catholique, vous n'avez
jamais cessé, et par vos lettres adressées à nous , et par vos
écrits pastoraux adressés aux fidèles , de dévoiler et réfuter
ces perfidies ; enseignant en même temps que cette souveraineté temporelle du Saint-Siége a été donnée au Pontife romain par un dessein particulier de la divine Providence , et
qu'elle est nécessaire , afin que le Pontife romain , n'étant
sujet d'aucun prince ou d'aucun pouvoir civil , exerce dans
toute l'Eglise , avec la plénitude de sa liberté , la suprême
puissance et autorité dont il a été divinement investi par N.
S Jésus-Christ lui-même , pour conduire et gouverner le
troupeau entier du Seigneur , et qu'il puisse pourvoir au
plus grand bien de l'Eglise, aux besoins et aux avantages des
fidèles.

Les sujets lamentables dont nous vous avons jusqu'ici en-
tretenus, vénérables frères , forment sans doute un douloureux spectacle. Qui ne voit, en effet, que tant de dogmes impies, que tant de machinations et de folies dépravées corrom-
pent chaque jour plus miserablement le peuple chrétien , le
poussent à la ruine, attaquent l'Eglise catholique , sa doctrine salutaire, ses droits et ses lois vénérables , ses ministres
sacrés, propagent les vices et les crimes, et bouleversent la
société civile elle-même ?

Aussi, quant à nous, nous souvenant de notre charge apostolique et plein de sollicitude pour le salut spirituel de tous
les peuples qui nous ont été divinement confiés, « comme »
pour nous servir des mots de saint Léon notre prédécesseur,
Nous ne pouvons autrement gouverner ceux qui nous sont
confiés qu'en poursuivant avec le zèle de la foi du Seigneur'
ceux qui pervertissent et sont pervertis, et en arrachant avec
toute la sévérité possible ce venin des âmes saines afin qu'il
ne s'étende pas plus au loin. » (Epist. VII ad Episcop. per
Ital. CII); élevant notre voix apostolique en votre illustre assemblée, nous réprouvons, proscrivons et condamnons les erreurs ci-dessus énoncées, non seulement comme contraires à
la foi et à la doctrine catholiques , aux lois divines et ecclésiastiques mais même à la loi et à la justice naturelle et
éternelle, et à la droite raison.

Pour vous, vénérables frères, qui êtes le sel de la terre,
les gardiens et les pasteurs du troupeau du Seigneur, nous
vous exhortons et vous conjurons de plus en plus de conti-
nuer, avec votre admirable piété et votre zèle épiscopal, ainsi
que vous l'avez fait, au souverain honneur de votre ordre,
d'eloigner avec un soin et une vigilance extrême les fidèles
qui vous sont confiés, de ces pâturages empoisonnés, de
combattre et de réfuter la perversité monstrueuse de ces opinions, tant par la parole que par les écrits. Vous savez en

effet qu'il s'agit d'intérêts suprêmes, puisqu'il s'agit de la
cause de notre très sainte foi, de l'Eglise catholique, de sa
doctrine, du salut des peuples, de la paix et de la tranquilité
humaine. C'est pourquoi, autant qu'il est en vous, ne cessez
jamais d'éloigner des fidèles la contagion de ce fléau, c'est-à-
dire de détourner de leurs yeux et de leur mains les livres et
les journaux pernicieux, d'instruire les fidèles des saints préceptes de notre auguste religion, de les exhorter et de les
avertir de fuir ces docteurs d'iniquité comme on fuit la rencontre d'un serpent. Portez tous vos soins et toutes vos sollicitudes particulières à ce que le clergé soit saintement et
savamment instruit et qu'il brille de toutes les vertus, que la
jeunesse des deux sexes soit formée à l'honnêteté du cœur,
à la piété et à toutes les vertus, cue l'ordre des études soit
salutaire. Veillez avec une extrême diligence à ce que, dans
les lettres et dans les fortes et hautes études, rien ne se glisse
qui soit contraire à la foi, à la religion et aux bonnes
mœurs. Agissez avec une énergie virile, vénérables frères, et,
dans cette grande perturbation des temps, ne laissez pas
abattre votre courage, mais appuyés par le secours divin,
prenant le bouclier inexpugnable de la justice et de la foi,
saisissant le glaive spirituel, qui est la parole de Dieu, ne
cessez pas de vous opposer anx efforts de tous les ennemis
de l'Eglise catholique et de ce siége apostolique, de briser
leurs traits et de rompre leurs assauts.

Et cependant, les yeux élevez jour et nuit vers le ciel, ne
cessont pas, vénérablas frères, d'imdlorer dans l'humilité de
notre cœur, et par nos plus ferventes prières, le Père des mi-
séricordes et le Dieu de toute consolation qui fait luire la lumière dans les ténébres, qui des pierres même peut faire sortir des eufans d'Abraham, et de le conjurer par les mérites
de Jésus-Christ Notre Seigneur, son fils unique, de tendre
une main secourable à la société chrétienne et civile, de dissiper toutes les erreurs et les impiétés, d'éclairer des clartés
de sa grâce les intelligences de ceux qui s'égarent, de les
convertir et de les rappeler à lui, d'assurer à sa sainte Eglise
la paix désirée, afin qq'elle obtienne par toute la terre de
plus plus grands accroissemens et qu'elle y fleurisse et y
prospère. Afin que nous puissions obtenir plus facilement ce
que nous demandons, prenons pour médiatrice auprès de
Dieu, la très sainte et immaculée Mère de Dieu la Vierge Marie, qui, pleine de miséricorde et d'amour pour tous les hommes, a toujours anéanti toutes les hérésies, et de qui le pa-
tronage auprès de Dieu n'a jamais été plus opportun. Solluci-
tous aussi les suffrages tant de saint Joseph, l'époux de la
Très Sainte Vierge, que des saints apôtres Pierre et Paul, de
tous les habitans des cieux, et surtout de ceux que nous ho-
norons et vénérons comme venant d'être inscrits dans les
fastes de la sainteté.

Avant de mettre un terme à Nos paroles nous ne pouvons
résister au désir de confirmer de nouveau le témoignage de

la suprême consolation qui nous pénètre en jouissant de votre admirable concours, à vous, vénérables frères, qui attachés à Nous et à cette chaire de Pierre par liens de Ir fidélité, de la piété et de la révérence et, remplissant votre ministère avec un zèle admirable, vous glorifiez de procurer la plus grande gloire de Dieu et le salut des âmes; vous qui, dans la plus étroite concorde de vos âmes, ne cessez pas, ainsi que vos vénérables frères les évêques de tout l'univers catholique et les fidèles confiés à leurs soins, d'apporter de toute manière des soulagemens et des adoucissemens à nos graves angoisses et à nos cruelles amertumes. C'est pourquoi, en cette occasion, nour faisons profession publique, et par le langage le plus affectueux, de la reconnaissance et de l'amour que nous portons à vous, à ces vénérables frères et à tous ces fidèles. Et nous vous demandons que de retour dans vos diocèses, vous veuilliez, en notre nom, faire connaître ces sentimens aux fidèles remis à vos soins, et les assurer de notre affection patereelle en leur conférant la bénédiction apostolique, du fond de notre cœur et avec les vœux les meilleurs de toute félicité, nous sommes heureux d'accorder à vous, vénérables frères, et à eux-mêmes.

L'allocution terminée, S. Em. Rév. Mgr le cardinal Mattei, doyen du Sacré-Collége, accompagné de plusieurs membres de l'épiscopat, s'est approché du trône de Sa Sainteté, a lu, au nom de tout l'épiscopat présent à Rome, et a remis au Saint-Père le document ci-après :

ADRESSE DES ÉVÊQUES

A SA SAINTETÉ.

Très Saint-Père,

Depuis que les Apôtres de Jésus-Christ, au jour sacré de la Pentecôte, étroitement unis à Pierre, chef de l'Eglise, reçurent le Saint Esprit, et qu'entraînés par sa divine impulsion, ils annoncèrent à des hommes de presque toutes les nations rassemblés dans la ville sainte, et à chacun dans sa langue, les merveilles de la puissance de Dieu, jamais, nous le croyons, jusqu'à ce jour et au retour de cette même solennité, autant de leurs héritiers ne se sont trouvés réunis autour du vénérable successeur de Pierre pour entendre sa parole, pour écouter ses décrets, pour fortifier son autorité. Or, de même que rien ne pouvait arriver de plus doux aux Apôtres, à travers les périls de l'Eglise naissante, que d'environner le premier vicaire de Jésus-Christ sur cette terre, tout récemment inspiré de l'Esprit de Dieu ; ainsi, pour Nous, au milieu des angoisses présentes de la Sainte Eglise, rien n'est plus cher, rien n'est plus sacré que de déposer aux pieds de Votre Béatitude tout ce que nos cœurs contiennent de vénération et d'amour pour Votre Sainteté , et , en même temps , de déclarer unanimement de quelle admiration nous sommes pénétrés pour les hautes vertus dont brille notre Pontife souverain, et combien du fond de nos entrailles nous adhérons à ce que , nouveau Pierre, il a enseigné, à ce qu'il a si courageusement résolu et décidé.

Une nouvelle ardeur enflamme nos cœurs ; une lumière de foi plus vivifiante éclaire nos intelligences, un amour plus sacré saisit nos âmes. Nous sentons nos langues vibrantes de ces flammes qui allumaient d'un désir ardent pour le salut des hommes, le cœur de Marie près de laquelle étaient les apôtres et entraînaient ces mêmes apôtres à proclamer les grandeurs de Dieu.

Rendant donc de vives actions de grâces à Votre Béatitude de ce qu'elle nous a permis en ces temps si difficiles, d'approcher de son trône pontifical , de vous consoler dans vos afflictions et de vous témoigner publiquement les sentimens qui inspirent nous-mêmes, notre clergé et les peuples confiés à nos soins , nous vous adressons d'une seule voix et d'un seul cœur nos acclamations , nos souhaits et nos vœux de bonheur. Vivez longtemps Saint-Père, et heureusement pour le gouvernement de l'Eglise catholique. Continuez , comme vous le faites, à la protéger par votre énergie, à la diriger par votre prudence, à l'orner par vos vertus. Marchez devant nous, comme le bon pasteur, donnez-nous l'exemple , paissez les brebis et les agneaux dans les célestes pâturages, fortifiez-les par les eaux célestes de la sagesse, car vous êtes pour nous le maître de la saine doctrine , vous êtes le centre de l'unité , vous êtes pour les peuples la lumière indéfectible préparée par la sagesse divine, vous êtes la pierre, vous êtes le fondement de l'Eglise elle-même, contre laquelle les portes de l'enfer ne prévaudront jamais. Quand vous parlez, c'est Pierre que nous entendons; quand vous décrétez, c'est à Jésus-Christ que nous obéissons Nous vous admirons au milieu de tant d'épreuves et de tempêtes, le front serein , le cœur imperturbable , accomplissant votre ministère sacré, invincible et debout.

Mais tandis que nous avons ainsi tant de sujets de nous glorifier , nous ne pouvons pas nous empêcher en même temps de tourner nos regards vers de tristes spectacles. De toutes parts , en effet, se dressent devant nos esprits ces crimes épouvantables qui ont dévasté misérablement cette belle terre d'Italie dont vous , bienheureux Père , êtes l'honneur et l'appui, et qui s'efforcent d'ébranler et de renverser votre souveraineté et celle de ce Saint-Siège , de qui tout ce qu'il y a de beau dans la société civile a découlé comme de sa source originelle Ni les droits permanens des siècles , ni la longue et pacifique possession du pouvoir, ni les traités sanctionnés et garantis par l'autorité de l'Europe entière, n'ont pu empêcher que tout ne fut bouleversé , au mépris de toutes les lois sur lesquelles jusqu'ici s'appuyaient l'existence et la durée des Etats.

Pour nous occuper de ce qui nous touche de plus près,
vous, très Saint-Père, nous vous voyons, par le crime de ces
usurpateurs qui ne prennent la « liberté que pour voile de
leur malice, » dépouillé de ces provinces qui jouissaient d'une
équitable administration par les soins et sous la protection
de la dignité du Saint-Siége et de toute l'Eglise. Votre Sainteté a résisté avec un invincible courage à ces iniques vio-
lences, et nous devons vous en rendre les plus vives actions
de grâces au nom de tous les catholiques.

En effet, nous reconnaissons que la souveraineté temporelle
du Saint-Siége est une nécessité et qu'elle a été établie par
un dessein manifeste de la Providence divine; nous n'hési-
tons pas à déclarer, que dans l'état présent des choses humaines, cette souveraineté temporelle est absolument requise
pour le bien de l'Eglise et pour le libre gouvernement des
âmes. Il fallait assurément que le Pontife romain, chef de
l'Eglise, ne fût ni le sujet ni même l'hôte d'aucun prince; mais
qu'assis sur son trône et maître dans son domaine et son propre royaume, il ne reconnût de droit que le sien et pût, dans
une noble, paisible et douce liberté protéger la foi catholique, défendre, régir et gouverner toute la République chrétienne.

Qui donc pourrait nier que dans le conflit des choses, des
opinions et des institutions humaines, il faille au centre de
l'Europe un lieu sacré, placé entre les trois continens du
vieux monde, un siége auguste, d'où s'élève tour à tour, pour
les peuples et pour les princes une voix grande et puissante,
la voix de la justice et de la liberté, impartiale et sans préfé-
rence, libre de toute influence arbitraire, et qui ne puisse ni
être comprimée par la terreur, ni circonvenue par les arti-
fices ?

Comment donc, et de quelle manière aurait-il pu se faire
que les prélats de l'Eglise venant de tous les points de l'univer,
représentant tous les peuples et toutes les contrées arri-
vassent ici en sécurité pour conférer avec votre Sainteté des
plus graves intérêts, s'ils y eussent trouvé un prince quel-
conque dominant sur ces bords, qui eût en suspicion leurs
propres princes ou qui eût été suspecté par eux, à cause de
son hostilité? Il y a, en effet, les devoirs du chrétien, et il y
a les devoirs du citoyen; devoirs qui ne sont nullement contraires, mais qui sont différens; comment les évêques pour-
raient-ils les accomplir s'il ne dominait pas à Rome une souveraineté temporelle telle que la souveraineté pontificale,
exempte de tout droit d'autrui, et centre de la concorde uni-
verselle, n'aspirant à aucune ambition humaine, ne préparant rien pour la domination terrestre ?

Nous sommes venus libres vers le Pontife-Roi libre, pasteurs dans les choses de l'Eglise, citoyens dévoués au bien
et aux intérêts de la patrie, et ne manquant ni à nos devoirs
de pasteurs ni à nos devoirs de citoyens.

Puisqu'il en est ainsi, qui donc oserait attaquer cette sou-

veraineté si ancienne, fondée sur une telle autorité, sur une
telle force de choses? Quelle autre puissance lui pourrait être
comparée, si l'on considère même ce droit humain sur lequel
reposent la sécurité des princes et la liberté des peuples ?
Quelle puissance est aussi vénérable et sainte ? Quelle mo-
narchie ou quelle république peut se glorifier, dans les siècles
passés ou modernes, de droits si augustes , si anciens, si in ·
violables ? Ces droits , si une fois et pour ce Saint-Siége, ils
étaient méprisés et foulés aux pieds , quel prince serait as-
suré de garder son royaume , quelle république son territoi-
re ? Aussi, Très Saint-Père, c'est pour la religion sans doute,
mais c'est aussi pour la justice et pour le droit, qui sont parmi les nations les fondemens des choses humaines], que vous
uttez et que vous combattez.

Mais il ne nous appartient pas de parler plus longtemps de
cette grave matière, nous qui avons écouté sur elle non pas
tant vos paroles que vos enseignemens. Votre voix, en effet,
semblable à la trompette sacerdotale, a proclamé dans tout
l'univers que, « c'est par un dessein particulier de la divine
« Providence que le Pontife romain , placé par Jésus-Christ
« comme le chef et le centre de toute son Eglise, a obtenu
« une souveraineté temporelle (1), » nous devons donc nous
enir pour certain que cette souveraineté n'a pas été for-
tuitement acquise au Saint-Siége, mais qu'elle lui a été attribuée par une disposition spéciale de Dieu, par une longue
série d'années, par le consentement unanime de tous les Etats
et de tous les empires, et qu'elle a été fortifiée et maintenue
par une sorte de miracle.

Vous avez également déclaré, dans un langage élevé et solennel, « que vous vouliez conserver énergiquement et gar-
« der entiers et inviolables la souveraineté civile de l'Eglise
« romaine, ses possessions temporelles, et ses droits, qui ap-
« partiennent à l'univers catholique ; que la protection de
« la souveraineté du Saint-Siége et du patrimoine de saint
« Pierre regardait tous les catholiques, que vous êtes prêt à
« sacrifier votre vie plutôt que d'abandonner en quoi que ce
« soit cette cause de Dieu, de l'Eglise et de la justice. » (2)
Applaudissant par nos acclamations à ces magnifiques paroles, nous répondons que nous sommes prêts à aller avec vous
à la prison et à la mort ; nous vous supplions humblement de
demeurer inébranlable en ce ferme dessein et en cette constance, donnant aux anges et aux hommes le spectacle d'une
âme invincible et d'un courage souverain.

C'est ce que vous demande l'Eglise de Jésus-Christ pour
l'heureux gouvernement de laquelle la souveraineté tempo-

(1) Lettres ap. du 26 mai 1860; allocution du 20 juin 1859;
encyclique du 9 juin 1860; allocution du 17 décembre 1860.

2) Lettre encyclique du 19 janvier 1860.

rèlle a été providentiellement attribuée aux Pontifes romains, et qui a tellement senti que la protection de cette souveraineté était son affaire, qu'autrefois, durant la vacance du siége apostolique et au milieu des plus redoutables extrémités, tous les Pères du concile de Constance ont voulu administrer eux-mêmes en commun les possessions temporelles de l'Eglise romaine, ainsi que les documens publics en font foi. C'est ce que vous demandent les chrétiens fidèles, dispersés dans toutes les contrées du globe, qui se félicitent de nous avoir vu venir librement à vous et librement vaquer aux intérêts de leurs consciences; c'est ce que vous demande enfin la société civile qui sent que la subversion de votre gouvernement ébranlerait ses propres fondemens.

Quoi de plus? Vous avez condamné, par un juste jugement, ces hommes coupables qui ont envahi les biens ecclésiastiques, et vous avez proclamé « nul et de nul effet » tout ce qu'ils ont accompli (1); vous avez décrété que tous les actes tentés par eux étaient « illégitimes et sacriléges (2) »; vous avez déclaré avec raison et à bon droit, que les auteurs de ces forfaits étaient passibles des peines et censures ecclésiastiques (3).

Ces graves paroles de votre bouche, ces actes admirables, nous devons les accueillir avec respect et y renouveler notre plein assentiment En effet, de même que le corps souffre toujours avec la tête à laquelle il est uni par le lien des membres et par une même vie, de même il est nécessaire que nous soyons en parfaite sympathie avec vous. Nous sommes tellement joints à vous dans votre désolante affliction, que tout ce que vous souffrez nous le souffrons également par l'accord de notre amour. Nous supplions Dieu qu'il mette fin à des perturbations si injustes et qu'il rende à sa liberté et à sa gloire première l'Eglise, épouse de son fils, si misérablement dépouillée et opprimée.

Mais nous ne nous étonnons pas que les droits du Saint-Siége soient si ardemment et si implacablement attaqués. Il y a déjà plusieurs années que la folie de certains hommes en est arrivée à ce point, non-seulement de s'efforcer de rejeter toutes les doctrines de l'Eglise ou de les révoquer en doute, mais de se proposer de renverser de fond en comble la vérité chrétienne et la république chrétienne. De là ces tentatives impies d'une vaine science et d'une fausse érudition contre les doctrines de nos saintes lettres et leur inspiration divine; de là ce soin perfide d'arracher la jeunesse à la tutelle maternelle de l'Eglise, pour la pénétrer des erreurs du siècle, souvent même en la soustrayant à toute éducation religieuse;

(1) Allocution du 26 septembre 1859.
(2) Allocution du 20 juin 1859.
(3) Lettres apostoliques du 26 mars 1860.

de là ces nouvelles et pernicieuses théories sur l'ordre social,
politique et religieux qui se répandent impunément partout ;
de là cette habitude trop familière à plusieurs dans ces contrées de mépriser l'autorité de l'Eglise, d'usurper ses droits,
de méconnaître ses préceptes, d'insulter ses ministres, de
faire dérision de son culte, d'avoir en honneur et d'exalter
tous les hommes, surtout les ecclésiastiques qui s'écartent
misérablement de la religion et marchent dans la voie de la
perdition. Les vénérables prélats et prêtres du Seigneur sont
dépossédés de leur pouvoir, contraints à l'exil ou jetés dans
les fers ; ils sont traînés devant les tribunaux civils avec af-
front, pour être demeurés fidèles à leur saint ministère. Les
épouses du Christ gémissent chassées de leurs asiles, consu-
mées de détresse, ou prêtes à mourir de misère ; les religieux sont forcés à rentrer dans le monde malgré eux ; des
mains violentes s'étendent sur le patrimoine sacré de l'Eglise ;
par des livres détestables, par les journaux, par les images,
une guerre terrible et continuelle est déclarée à la fois aux
mœurs, à la vérité, à la pudeur même.

Ceux qui se livrent à de telles angoisses savent parfaitement
que c'est dans le Saint-Siége comme dans une forteresse inexpugnable que résident la force et la vertu de toute justice et
de toute vérité, et que les efforts de l'ennemi se brisent contre
cette citadelle ; que le Saint-Siége est une vigie du haut de
laquelle les yeux clairvoyans du gardien suprême aperçoivent
de loin les embûches préparées et les annoncent à ses compagnons. De là cette haine implacable, de la cette envie ingué-
rissable, de là ce zèle passionné des hommes pervers qui vou-
draient déprimer l'Eglise romaine et le Saint-Siége apostolique et les detruire, s'il était jamais possible.

A cette vue, Bienheureux Père, ou seulement à ces récits,
qui ne laisserait couler ses larmes ? Saisis donc d'une juste
douleur, nous levons les yeux et les mains au ciel, implo-
rant de toutes les forces de notre âme l'esprit divin, afin que
lui qui, en ce jour, a fortifié et sanctifié sous l'autorité de
Pierre, l'Eglise naissante, la protége, l'étende, la glorifie
aujourd'hui sous votre houlette et sous votre sceptre. Qu'elle
soit témoin des vœux que nous formons Marie solennellement
saluée par vous du titre d'Immaculée ; qu'elles en soient témoins ces cendres sacrées des saints patrons de l'Eglise romaine, Pierre et Paul, ainsi que les reliques vénérables de
tant de Pontifes, de martyrs et de confesseurs, qui rendent
sainte et sacrée la terre même que nous foulons ; qu'ils en
soient particulièrement témoins ces bienheureux qu'aujour-
d'hui un suprême décret de vous a inscrits dans l'ordre des
saints ; ils doivent prendre à un titre nouveau la protection
de l'Eglise, et ils offriront pour vous du haut de leurs autels
au Dieu tout puissant leurs premières prières.

En leur présence donc, nous évêques, afin que l'impiété ne
feigne pas d'en ignorer ni ose le nier, nous condamnons les
erreurs que vous avez condamnées, nous rejetons et détestons

les doctrines nouvelles et étrangères qui se propagent partout
au détriment de l'Eglise de Jésus-Christ ; nous condamnons
et reprouvons les sacriléges , les rapines , les violations de
l'immunité ecclésiastique et les autres forfaits commis contre
l'Eglise et le Siége de Pierre.

Cette protestation, dont nous demandons l'inscription dans
les fastes publiques de l'Eglise, nous la proférons en toute sin-
cérité au nom de nos frères qui sont absens ; soit de ceux qui,
au milieu de tant d'angoisses, retenus par la force dans leurs
maisons, pleurent aujourd'hui et se taisent ; soit de ceux qui,
empêchés par de graves affaires ou par leur mauvaise santé ,
n'ont pu se joindre à nous aujourd'hui. Nous ajoutons à nous
notre clergé et le peuple fidèle, qui, animés comme nous
d'une pieuse vénération et d'un profond amour, ont prouvé
leur affection pour vous tant par leurs prières assidues et
sans relâche que par les offrandes du denier de saint Pierre,
multipliées par une généreuse largesse, sachant bien que
leurs sacrifices doivent procurer à la fois et le soulagement
des besoins du Pasteur suprême et la garde de sa liberté.

Plût à Dieu que tous les peuples s'entendissent pour met-
re en sécurité cette cause sacrée de l'univers chrétien et de
l'ordre social !

Plût à Dieu que les Rois et les puissans du siècle compris-
sent que la cause du Pontife est la cause de tous les princes
et de tous les Etats ; plût à Dieu qu'ils vissent où tendent
les criminels efforts de ses adversaires, et qu'enfin, ils prissent les résolutions décisives !

Plût à Dieu que vinssent à résipiscence ces quelques malheureux ecclésiastiques et religieux qui, oubliant leur voca-
tion, refusant l'obéissance due aux supérieurs et usurpant témérairement l'autorité de l'Eglise, courent à leur perte !

Voilà ce que , pleurant avec vous, Très-Saint-Père, nous
sollicitons ardemment du Seigneur, pendant que prosternés
à vos pieds nous demandons de vous cette force céleste, que
donne votre bénédiction apostolique et paternelle. Qu'elle
soit abondante, qu'elle sorte largement du fond même de votre cœur, afin que non-seulement elle s'étende sur nous mais
qu'elle découle sur nos frères bien aimés qui sont absens et
sur les fidèles qui nous sont confiés. Qu'elle soit pour nos douleurs et celles du monde, un adoucissement et un soulagement, qu'elle relève notre faiblesse, qu'elle féconde nos tra-
vaux et nos œuvres, et qu'enfin elle amène promptement la
sainte Eglise de Dieu des temps plus heureux.

Rome , le VIII juin de l'an du Seigneur, mil huit cent
soixante-deux.

(Suivent les signatures de 21 cardinaux ayant siége épiscopal, et de 244 archevêques et évêques.)

Le Saint-Père a répondu :

Les sentimens que vous nous avez exprimés, vénérables frères et fils bien-aimés, nous ont causé une joie profonde ; ce sont les gages de votre amour envers le Saint-Siége, et bien plus encore le témoignage éclatant et magnifique de ce lien de charité qui unit si étroitement les pasteurs de l'Eglise catholique non-seulement entre eux, mais avec cette chaire de vérité ; d'où il est manifeste que le Dieu auteur de la paix et de la charité est avec nous Et si Dieu est avec nous, qui sera contre nous ? Louange donc, honneur et gloire à Dieu ! A vous, paix, salut et joie ! paix à vos cœurs ! salut aux chrétiens fidèles commis à vos soins ! joie pour vous et pour eux, afin que vous exultiez avec les saints, chantant un cantique nouveau dans la Maison du Seigneur pendant les siècles des siècles.

DISCOURS

PRONONCÉ A SAINT-ANDRÉ DELLA VALLE

PAR MONSEIGNEUR DUPANLOUP

Évèque d'Orléans

En faveur des Églises d'Orient

LE 5 JUIN 1862.

Quid statis, aspicientes in cœlum ?
Pourquoi êtes-vous là **regardant** le ciel ?

Oui, tous en ce moment nous regardons le ciel !

Dans toute l'Eglise catholique, tous les regards, tous les cœurs, toutes les craintes, toutes les espérances sont tournés vers le ciel.

Mais au milieu de cette extraordinaire émotion, quelle est cette grande et solennelle assemblée ? Qui sont ceux que je vois ici de tous les points de l'univers, et si profondément émus de se trouver à Rome ensemble ? Pourquoi sont-ils réunis dans la cité sainte, et comment se rencontrent-ils en ce jour dans ce sanctuaire ?

Tout ici m'étonne... Quelles sont, aux pieds du Père commun, ces deux sœurs venues, l'une de l'Occident, l'autre de l'Orient : l'une plus heureuse, plus heureuse dans sa foi, malgré tant et de si cruelles épreuves, plus heureuse aussi dans sa fidélité, plus heureuse surtout dans la constante bénédiction de Dieu; l'autre étrangement affligée dans son cœur, dans ce cœur malade depuis des siècles, plus affligée aussi dans ses enfans, affligée enfin plus qu'il ne se peut dire dans les profonds et mystérieux châtimens de la Providence ?

Et qui suis-je, moi, chargé d'interpréter ici devant vous
cette rencontre inattendue ?... Oui, tout ici m'étonne, et je
m'étonne moi-même.

Ce sont les Eglises d'Occident et d'Orient qui se rencon-
trent ici, dans cette grande réunion dont Rome en ce moment offre au monde le plus magnifique spectacle : l'une
implore l'autre aux pieds du Père commun qui les bénit
toutes deux ; et c'est un évêque d'Occident, le dernier de
tous; un évêque français, qui parle en ce moment dans une
chaire de Rome, aux pieds de la Chaire éternelle, devant les
évêques du monde entier, en faveur des églises et des évêques de l'Orient

Ou plutôt non, messeigneurs, ce n'est pas moi, c'est vous,
c'est votre présence qui parle ici ; je ne suis, moi, qu'une
voix : *Vox*. Et quel discours ne languirait devant vous ?
Aussi n'est-ce pas un discours que je viens faire à ce peuple.
Non, je viens lui dire simplement : Venez et voyez.

Voyez qui nous sommes, quels sont tous ces évêques rassemblés ici, et pourquoi Dieu les y amène. Et voyez aussi
quels sont les besoins de cette Eglise d'Orient qui vous implore.

Pour un si grand sujet, demandons à Dieu l'assistance de
sa grâce par l'intercession de Marie *Ave Maria.*

I.

Pourquoi donc, M. T. C. F., ce concours extraordinaire des
évêques catholiques dans la Ville Sainte, et en ce temple et
en ce jour ? D'où viennent-ils ? *Qui sunt hi et undè venerunt ?* (Apoc. 7, 14.)

Ils viennent de la chrétienté tout entière, comme autrefois ces Hébreux dont parlent les Actes, qui accouraient à
Jérusalem aux jours de ses grandes solennités ; ils viennent
de toute tribu, de toute nation, de toute langue qui est sous
le ciel : *Ex omni tribu, et lingua, et natione quœ sub cœlo
est.* (Act. 5 9.) de toutes les parties du monde connu, civili-
sés ou sauvages.

Evêques de toutes les Espagnes, accourus en si grand nombre et après tant d'années d'absence, vous venez de cette
terre catholique toujours vierge dans sa foi, qui soutint pendant six siècles une croisade incessante et invincible contre
l'Islam, et que depuis, ni l'infidélité, ni le schisme, ni l'hérésie n'ont entamée,

Evêques des îles Britanniques , vous venez de l'Irlande —
je la nomme la première : je lui dois cet honneur ; c'est la
plus fidèle — vous venez de cette terre des saints , de cette
vieille Erin, si patiente, si généreuse, si héroïque , dont les
fils sont partout dévoués à l'apostolat et au martyre !... Vous
venez de la vaillante et montagneuse Ecosse; vous venez de
cette grande Angleterre, dont nous ne pouvons redire le nom
sans que nos entrailles s'émeuvent, sans que nos cœurs soient
partagés entre un profond sentiment de regret, et aussi d'espérance ! .. Pour venir à Rome , vous avez suivi les voies
que suivirent autrefois ces saints missionnaires, que le grand
Pape saint Grégoire, épris d'un amour inspiré pour votre noble pays lui envoya à travers les mers , pour lui porter les
lumières, depuis si troublées, de la foi évangélique .. Mais
aujourd'hui de nouveaux rayons annoncent un nouvel éclat,
et bientôt, je l'espère, il n'y aura plus qu'un troupeau et
qu'un pasteur.

Ils viennent, **M. T. C. F.**, je vous le disais tout à l'heure,
de tous les pays de l'Europe : de cette chétienne Belgique, si
généreuse dans ses offrandes au Saint-Père, et dont les fils
ont versé leur sang, avec les fils de l'Irlande et de la France,
pour le Siége apostolique; ils viennent de cette Hollande, que
l'hérésie enlace en vain ; de la Savoie, de la Suisse, de ces
hautes montagnes sur lesquelles règne encore la foi naïve
des vieux âges. Ils viennent de la Bavière , des bords du
Rhin, de toute cette docte Allemagne, pays du profond savoir
et des grandes luttes de la doctrine, où vous abattez, grands
évêques. sous l'obéissance de Jésus-Christ, *In obsequium
Christi* (2. Cor. 10, 5), toute science vaine et superbe qui s'é-
lève contre la science de Dieu. Ils viennent de cette Hongrie,
pays des héros chrétiens, qui les derniers ont repoussé du sol
européen les invasions de l'islamisme.

Ils viennent enfin — et je dois le dire à la louange des souverains qui, étrangers, hélas ! à notre communion, ont su du
moins s'affranchir noblement ici des tristes ombrages et des
peurs surannées — ils viennent de la Prusse et de la Russie;
ils viennent de cette noble et infortunée Pologne, catholique
à jamais par le fond de ses entrailles, et dont les longs malheurs, jusqu'à ce que Dieu enfin les regarde en pitié, doivent
émouvoir dans la plus tendre et plus profonde sympathie,
toute âme patriotique et chrétienne.

Que dirai-je encore? Ils viennent des plus reculés continens, des plus lointaines extrémités du monde. Evêques des
deux Amériques, ni l'espace immense des mers ni les fatigues et les dangers d'un si long voyage n'ont pu vous arrê-
ter; portés sur les ailes de feu des modernes navires, vous
êtes venus du Nord, du Sud, du Canada, des Etats-Unis, du
Mexique, de la République équatoriale, portant sur vos visa-
ges vénérables les traces de votre laborieux apostolat dans
ces immenses diocèses, où l'Evangile n'a pas achevé ces
conquêtes. Je ne sais quelle ardeur de foi et de dévouement

anime vos jeunes Eglises, récemment fondées sous la bénédiction du Père commun. Il bénit, et tous avec lui nous bénissons Dieu de votre venue, la plus généreuse de toutes.

Et cependant, je me trompe; il y en a qui sont venus avec plus de fatigues encore des déserts africains, des sables brûlans, des îles inconnues, de tous les climats si funestes à l'Européen, où missionnaires intrépides, ils sont allés porter l'Evangile, affrontant tous les jours la mort. Tous leurs compagnons sont morts! eux-mêmes n'ont échappé que par miracle à ce lent martyre qui les dévore; mais il y a au fond de leurs cœurs, comme disait autrefois l'immortel archevêque de Cambrai, il y a un feu plus puissant qui les consume, et les fait triompher de tout par la foi, et du fond de la Guinée et de l'Abyssinie, où ils évangélisent les nègres, de l'Archipel océanien, où ils évangélisent les sauvages, ils sont venus : les périls du Père commun les ont émus dans leurs lointaines solitudes, où ils resteraient sans aucune consolation, si Dieu n'était pas toujours près de ceux qui semblent seuls et délaissés du monde entier près de ceux qui ont tout sacrifié, et, selon l'admirable expre sion de saint Paul, ont livré leurs âmes pour le nom du Sauveur Jésus, et se sont eux mêmes livrés à la grâce de Dieu, *traditi gratiœ Dei* (Act. VV. 40).

Il y en a que je n'ai pas nommés encore, messieurs ; mais qu'il me soit permis de le dire avec simplicité : si nous, Français, nous sommes ici les plus nombreux, c'était notre devoir : il nous convenait d'attester par notre présence , que la France n'a pas cessé d'être la fille aînée de l'Eglise, et qu'entre la sainte Eglise romaine, mère et maîtresse de toutes les Eglises, et les Eglises de France, c'est, comme le disait autrefois saint Paul, à la vie et à la mort. *Ad convivendum et ad commoriendum.* (2 cor. 7, 3.)

Qui sunt hi, et unde venerunt? qui sont-ils et d'où sont-ils venus ? Je vous l'ai dit, mes frères ; mais comment sont-ils venus ?

Ah ! je pourrais répéter après votre grand saint Grégoire : Sous les pieds des saints de Dieu, l'Océan s'est incliné : *Pedibus sanctorum substratus Oceanus* : L'Océan, la Méditerranée, toutes les mers les ont vus : étonnées, elles se demandaient : Où vont ces hommes ? et courbaient avec respect leurs flots sous leurs pieds pour les porter à la Ville éternelle.

Vous savez le reste ; car cet aimable récit a été fait, et je puis achever le texte entier de saint Grégoire · l'Océan a entendu retentir l'antique et joyeux *Alleluia* Ils sont venus, les cantiques du Seigneur sur les lèvres, en même temps que l'amour du Père commun dans le cœur. On les voyait, mettant le pied sur le navire qui devait les porter vers Rome, entonner le doux *Ave, Maris Stella*, et le redire à celle que l'Eglise appelle l'Etoile de la mer : et du rivage, les fidèles leur répondaient. Marseille, la catholique Marseille, les acclamait avec ivresse. Et pendant la traversée rapide, mais trop lente au gré de leur impatient désir, ils recommençaient leurs chants qui retentissaient au loin sur la mer sonore et brillante : et quand enfin ils touchèrent à la première ville hospitalière du patrimoine de saint Pierre, ils chantèrent avec joie le beau psaume *Lœtatus sum in his quæ dicta sunt mihi*: (Ps. 121 I.) Je me suis réjoui de ce qu'il m'a été dit : Vous entrerez enfin dans la maison du Seigneur. *In domum Domini ibimus.* Et c'est au milieu de ces chants, et de cette explosion d'amour et de foi, qu'ils mirent le pied sur le sol Italique. *Italiam! Italiam!* entourés de tous ces prêtres accourus avec un si pieux empressement à leur suite, et se pressant avec eux aux portes de la Ville éternelle

Ah! je me reprocherais de ne pas rendre ici à tant de prêtres généreux un solennel hommage! Oui, messieurs, il est doux au cœur du Père commun, de vous voir si nombreux dans la Cité sainte, au jour du grand témoignage de l'épiscopat catholique, témoigner ainsi au monde de l'indissoluble union de l'épiscopat et du sacerdoce dans l'invincible attachement de la chaire de Pierre; il est beau, il est édifiant de vous voir vous prosterner avec tant de foi et de piété dans ces sanctuaires fameux, ennoblis, consacrés par le souvenir des saints, par le sang des martyrs. Il n'y a que Dieu qui sache, et vos modestes presbytères en seront longtemps les seuls témoins, au prix de quels sacrifices et de quelles privations vous avez accompli ce pélerinage. Mais, bons prêtres, que vous importe? Vous serez heureux d'avoir pu prouver, du sein même de votre pauvreté, à Pie IX et au monde, qu'il n'y a dans l'Eglise qu'un cœur et qu'une âme, dès qu'il s'agit du cœur de Jésus–Christ. Oui, tous, je vous bénis avec tendresse et avec respect ; mais Dieu seul, par la voix de son vicaire, peut bien vous récompenser.

O sainte hiérarchie de l'Eglise catholique, œuvre d'une simplicité et d'une force vraiment divine! Dans son sein profond, en dehors des atteintes de toute puissance humaine, l'Eglise de Jésus-Christ possède deux principes de féconde et immortelle vitalité, deux forces invincibles d'expansion et de concentration. On dirait de cette belle hiérarchie comme d'une de ces belles armées célestes, de ces grands systèmes d'astres semées dans la vaste étendue des cieux. Chaque astre a ses lois, ses mouvemens, ses harmonies, et cependant n'est pas indépendant et isolé dans l'espace, mais fait partie d'un système, gravite autour d'un resplendissant soleil, principe de tous les mouvemens et centre de la lumière : ainsi de l'Eglise catholique. Elle distribue au firmament du monde spirituel, comme autant de foyers de lumière et de vie, ses évêques avec leurs prêtres : *Vos estis lux mundi* (Mat. 5. 14.) dit Notre Seigneur ; comme autant d'astres, *stellas*, dit saint Jean l'Evangéliste. Mais ces astres du ciel de l'Eglise, comme les astres du ciel du monde, ont aussi leur centre lumineux qui les attire, et autour duquel ils se meuvent d'un mouvement sûr et harmonieux. Ce centre de l'Eglise, ce soleil du monde des âmes, c'est la Papauté ! Voilà la hiérarchie et la magnifique unité de l'Eglise : et si cette loi était violée . cette unité brisée, que resterait-il dans le monde des âmes ? Des astres errans dans l'espace, *sidera errantia*, confondant leurs orbites, s'entrechoquant et périssant dans les ténèbres ! (Judae. 13.)

Mais, grâces immortelles en soient rendues à Dieu, c'est un autre spectacle que la terre aujourd'hui contemple dans ces évêques du monde entier, pacifiquement rangés autour de la Chaire apostolique ; et voilà ce qui fait votre beauté et votre force, ô Sainte Eglise de Jésus-Christ, quand vous marchez, Pierre à votre tête . comme cette armée dont parle l'Ecriture, *Ut castrorum acies ordinata* (Cant. VI, 2.); présentant à tous les regards un front invincible ; pressant vos ennemis de tout le poids de vos bataillons serrés : Jésus-Christ, votre chef invisible, vous mouvant d'en haut, vous faisant en tout agir tout entière et rassemblant ici bas, sous la conduite de Pierre, toutes vos forces dans une seule action. (Bossuet, Sermon sur l'Unité de l'Eglise.)

Voilà donc, messieurs, qui nous sommes, d'où et comment nous sommes venus Et, maintenant, où sommes-nous ?

Nous sommes là, dans la Cité sainte, dans la Ville éternelle, dans cette Rome, la chère et commune patrie de tous les cœurs chrétiens. Et qui ne le sent, qui ne le dit, qui ne le voit, à cet épanouissement des cœurs, des lèvres ? chacun se trouve ici content, heureux, à l'aise, comme dans sa patrie, dans sa maison, dans sa famille.

Nous sommes là entre tous les souvenirs fameux et les plus grandes choses ; entre les tombeaux des héros et les tombeaux des martyrs, sur un sol prédestiné, où les ruines sont glorieuses, où la poussière même est sainte.

Et à quelle heure sommes-nous ici ? Il faut le dire : à l'heure du péril ; mais ne craignant pas. Nous sommes ici,— qui ne remarquerait cette étrange conjecture des temps, — comm les apôtres du Cénacle, entre l'Ascension et la Pentecôte, priant, espérant, et ne craignant pas.

Il y en a, je le sais, qui craignent pour nous, et qui nous prêtent leurs sollicitudes, et qui ont dit peut-être, en raillant notre départ : « Mais où allez-vous ? Votre Dieu n'y est plus. Il a disparu. *Ubi est Deus eorum ?* » (Psalm. 113, 17.)

Ainsi raillaient les Juifs , sûrs d'avoir scellé la tombe de Jésus-Christ, quand les disciples s'enfermaient avec Pierre et Marie dans le Cénacle. Et le jour même de ces railleries blasphématoires, dès le matin, tout à coup les cieux s'ébranlaient, un bruit inconnu se faisait entendre, le Saint-Esprit, l'esprit de vérité, l'esprit d'amour et de force descendait avec sa flamme dans les cœurs, manifestait sa présence par des coups dont le monde retentit encore ; et si tout a cédé à l'irrésistible empire de la parole apostolique, si la loi de charité et de grâce a été fondée sur la terre, si je vous parle, si vous êtes ici après dix-huit siècles, si vos cœurs sont remplis d'un feu sacré , c'est à la vertu de ce jour immortel que nous le devons.

Vous qui croyez l'Eglise à son déclin , regardez-la donc de près, et voyez dans ses regards cette flamme de vie. et sur son front cette jeunesse éternelle ; et dites-nous si tout cela n'est pas debout , vivant , immortel par la vertu divine, et à jamais invincible, de Celui qui descendait sur les apôtres, au matin même du jour où mille voix s'écriaient autour de vos pères : *Ubi est Deus eorum ?* Où donc est leur Dieu ?

Eh bien ! voilà ce que nous avons fait. Nous sommes venus ici, dans cette confiance, pour ce grand anniversaire , qui , cette année , sera solennisé par la canonisation de nos martyrs : souvenir glorieux, qui nous rappelle que la vertu de la Pentecôte demeure jusqu'à nous, que le cruel Japon , et tous les tyrans, peuvent frapper; que les apôtres de l'Evangile ont dans leurs veines un sang qui ne demande qu'à couler pour Jésus-Christ , et que l'Eglise ne saurait défaillir, dans la grande mission qui lui a été assignée par son divin fondateur, d'être à jamais ici-bas le témoin et le répondant de la vérité et de la justice.

Quelquefois, dans ces momens, je ne dirai pas de découragement et de désespoir, mais de tristesse et de trouble qui , durant les jours mauvais, saisissent les âmes même les plus fortes, à la vue de l'éloignement apparent de Dieu, on se dit : Oh ! comme Dieu éprouve son Eglise ! Et moi , je suis tenté de dire : Oh ! comme il la console ! comme il la soutient ! comme il la glorifie ! comme, dans je ne sais quel jeu divin de sa providence, il se plaît à faire succéder pour elle , pendant le cours de son pèlerinage ici bas, à des épreuves passagères, d'inattendus et triomphans secours ! L'épreuve , c'est un de ces brouillards du matin , qui quelquefois s'élèvent et effrayent le voyageur timide. Mais celui qui a du cœur et continue sa route voit bientôt se dissiper la vapeur humide et froide, et le soleil resplendir au plus haut des cieux. Chrétiens, chrétiens de peu de foi , que craignez-vous ? *quid timidi estis !* (Matt. VIII, 22) Dieu est derrière le nuage ; attendez un peu, il se montrera, et vous le reverrez dans sa force et dans sa gloire !

Pour moi, quand je vous regarde, quand je vous compte et que j'entends le cri de vos âmes , je ne puis point ne pas me dire : Il y a ici je ne sais quelle secrète et puissante action de Jésus-Christ ; c'est comme une aurore , comme un lointain parfum de victoire. Oui, c'est ici la veille d'un triomphe, si ce n'est pas le triomphe même C'est la veille d'une de ces victoires que chantait saint Paul quand il disait : La victoire qui triomphe du monde c'est notre foi : *Hæc est victoria quæ vincit mundum, fides nostra* (Ep. Joan. V. l. 4).

Et de bonne foi, je le demande même à ceux qui n'ont pas le bonheur de partager nos croyances et nos espérances : Y a-t-il ici-bas une ville , un peuple , un roi , une puissance souveraine, quelle qu'elle soit, qui, sur un simple désir du cœur, exprimé dans les termes les plus ménagés, les plus réservés, les plus délicats, ait vu tout à coup le monde entier s'ébranler, et de toutes les extrémités de son empire les représentans de tous les peuples venir mettre à ses pieds leur dévouement et leur amour ? Non , je ne fais injure à aucune des puissances de la terre en disant qu'il n'y en a pas une qui puisse ainsi remuer la terre entière. Je le répète, il y a là un signe éclatant de la présence de Dieu dans son Eglise, et, pour le jour que sait la Providence , un présage certain de la victoire.

Et quand nous n'aurions pas notre foi pour affermir nos âmes à ces grandes pensées, le sol que nous foulons aux pieds suffit pour inspirer les mêmes espoirs.

J'aime, je l'avoue, quand je suis à Rome, à rechercher nos origines ; j'aime à descendre dans les entrailles de la terre, à visiter ces immortelles catacombes, sanctifiées par nos martyrs, à y retrouver les souvenirs et les ossemens sacrés de ceux qui sont morts pour Jésus-Christ. Et parmi ces profondeurs divines où je me plais à pénétrer, il en est une que j'ai recherchée entre toutes les autres, et dont vous avez peutêtre recherché commme moi l'horreur attendrissante et le glorieux dénuement. Je veux parler des prisons Mamertines. Oui, quand je veux relever mon courage, c'est là que je vais. Je descends à la dernière profondeur, et, écartant les souvenirs profanes, Jugurtha, les complices de Catilina et tous les autres que ce lieu rappelle, c'est là que je retrouve Pierre et Paul... Que se passait-il dans l'âme de ces grands apôtres, enchaînés là, tous les deux, dans cet infect cachot? Plus de lumière, plus de soleil, plus de vie... Et puis on les tire tous deux de là, et ils vont en silence, l'un mené vers les jardins de Néron, l'autre sur une autre voie... où sa tête tombe, car il est citoyen romain... Pour le premier, il a l'honneur incomparable, justement réservé au prince des apôtres, d'être crucifié comme son Maître, mais la tête en bas...

Tout ému de ce souvenir, je sors de ces ténébres, je retrouve le jour, et mon pied touche le Capitole. J'y vois encore ce rocher immobile chanté par le poète, *Capitoli immobile saxum* ; mais à la place du Jupiter Capitolin, que virent là Pierre et Paul, j'y vois la croix de leur Maître. Elle règne, elle triomphe, elle est là, glorieuse : eux, ils sont morts !..

Je continue à cheminer dans cette Rome, déserte pour ma pensée, malgré la foule, et je retrouve ces deux hommes, Pierre et Paul, l'un sur la colonne Trajane, les clefs du royaume des cieux à la main, l'autre sur la colonne Antonine, avec le glaive de la parole qui a vaincu le monde... et ils sont morts!.... Je continue, j'entre dans le jardin de Néron, où ce misérable se servait des premiers chrétiens comme de flambeaux vivans pour éclairer ses jeux nocturnes; *in nocturni luminis usum* (Tac.), et là même, sur l'obélisque de granit qui se dresse encore sur la place immense, je lis :

Christus vincit, *Christus regnat*, *Christus imperat*... et ils
sont morts !... Je continue : je passe entre les temples, les
images sacrées, et les portiques, et je pénètre dans cette ba-
silique, la merveille du monde, j'entre dans cette lumière,
dans cette splendeur, dans cette immensité, dans ce rayonne-
ment de toutes les gloires, depuis le Père céleste resplendissant à la voûte, au milieu des séraphins et des anges, jusqu'à
ce glorieux tombeau ; et parmi les grandes figures du Pro-
phète, des Evangelistes, des docteurs, des fondateurs d'ordre,
de tous ceux qui ont fait une œuvre ici-bas, je lis gravées en
caractères d'or ces paroles immortelles : TU ES PETRUS, ET
SUPER HANC PETRAM AEDIFICABO ECCLESIAM MEAM, ET PORTÆ
INFERI NON PRÆVALEBUNT ADVERSUS EAM ! Tu es Pierre, et
sur cette pierre, je bâtirai mon Eglise, et les portes de l'Enfer ne prévaudront point contre Elle... (Mat. 16, 18).

Et en vérité, quand je traverse ces grands contrastes, quand
je suis accablé d'admiration en présence de ces monumens et
de ces triomphes, lorque je viens à me dire : « Il y a des
« hommes qui veulent habiter là .. au milieu de ces splen-
« deurs et de ces grandeurs » Mais... c'est impossible ! ..
mais la nature invincible des choses y répugnera éternelle-
ment ! On ne refait pas l'histoire ! On ne refait pas le genre
humain !... Mais il faudrait alors raser Rome tout entière, et
en refaire une à votre taille...

Restez donc à votre place, et pour l'honneur de l'Italie et du
monde, laissez à la sienne le Vicaire immortel de Jésus-
Christ.

Il est donc, vrai, et il faut l'ajouter : partis de si loin nous
sommes arrivés providentiellement à la magnificence , à la
splendeur, à ce légitime éclat de la pourpre romaine ; mais
sachez le bien, nous n'oublions pas nos origines , et quelles
que soient les apparences, ne croyez point que nous tenions
à cette pourpre : elle couvre de profondes vertus , et des lumières qui n'ont pas défailli depuis dix-huit siècles dans le
cœur des Pontifes ; et nous redisons tous avec saint Paul, et
nul ne le redit mieux que celui dont notre amour généreux, M. F. , fait aujourd'hui le plus riche trésor : oui, notre
vénéré Pontife, dans sa sublime pauvreté, redit, et nous tous
avec lui , et avec le grand apôtre : *Scio et abundare* , *scio et
humiliari*; (Philipp. 4 12) je sais être dans l'abondance et je
sais être aussi dans l'humiliation et la détresse ; et puisque
ces jours sont venus , le pain que me donnent mes enfans
est doux à mon cœur...

Quand il plaît à Dieu d'envoyer la paix, et la gloire à son
Eglise, l'Eglise, messieurs, sait en jouir, non pour elle, mais
pour vous. Pour elle, elle n'oublie jamais ni Bethléem , ni le
Calvaire, ni la prison Mamertine , ni les Catacombes ; prête
a y redescendre encore, si Dieu le voulait, certaine d'en sortir un jour avec ce feu sacré de la vertu chrétienne, sans lequel le monde entier retomberait dans ces ténèbres, dans cette

nuit éternelle qui, comme l'a chanté votre grand poète, me·
nace toujours les siècles impies :

Impiaque æternam timuerunt sæcula noctem !

Et ici, messieurs, une pensée me frappe, un rapprochement
me saisit. — Il y a, au moment, où vous m'écoutez, deux villes dans le monde où se parlent toutes les langues et où se
sont donné rendez vous tous les peuples , par leurs divers
représentans : Londres et Rome ; Londres , où sont venus ,
pour la grande exposition des merveilles de l'industrie humaine, tous les capitalistes et les savans de la terre : Rome,
où sont venus, pour se ranger autour du Père commun des
fidèles les évêques de toutes les parties du monde chrétien.

Je suppose, hypothèse heureusement impossible , que , par
un affreux malheur, tout ce qui est à Londres disparaisse dans
un immense et subit affaissement ; certes, ce serait une ca-
tastrophe digne de toutes nos larmes mais après tout , une
calamité réparable : car enfin, chose semblable s'est déjà vue
sur la terre Témoin cette Rome même où nous sommes, et
où l'ancien monde avait fait comme une exposition perpétuelle
de son industrie, de ses arts, de ses richesses ; mais un jour,
Dieu envoya la tempête , et toutes les merveilles de ce vieux
monde disparurent : et ce sont ces Papes, que les sauvages
du dix-neuvième siècle appellent des barbares, qui sont allés
en rechercher les débris sous les décombres. Ils ont tiré des
ruines du palais de Néron l'Apollon , ce faux dieu, mais ce
beau marbre , ils l'ont logé dans leur palais ; ils ont réuni
autour d'eux les Raphael, les Michel-Ange et les Bramante,
ils ont encore les Overbeck et les Tenerani ; mais plusieurs
siècles d'efforts, en ressuscitant les arts du monde ancien ,
n'ont pu les surpasser. Si vous êtes si fiers de ce que vous
appelez vos découvertes , messieurs , prêtez de loin votre
oreille au bruit extraordinaire de cette immense destruction,
promenez les regards de votre esprit consterné sur ce monde
antique, puissant ingénieux, poli .brillant, et voyez-le tout
à coup écrasé, oublié, disparu, sous une épouvantable chûte !
Mais qu'a fait l'humanité ? Elle a recommencé, et, après dix-
neuf siècles , nous la voyons exposant de nouveau ses arts ,
ses statues, son travail, son industrie.

Ah ! ce n'est pas vous , messieurs , ce n'est pas moi , qui
voudrions maudire l'industrie moderne. Elle est fille du travail, et le travail est digne de respect ; l'homme y trouve sa
noblesse dans son châtiment. Qui a fait les merveilles de
l'industrie moderne ? le travail libre de l'ouvrier intelligent
et honnête! Qui a rendu le travail libre? Qui a rendu l'ouvrier honnête? C'est le Christianisme. Sans lui, que serait
l'industrie ? Loin de lui, que deviendrait-elle ? L'industrie,
sans le vouloir, se courbe en serviteur docile et concourt aux
desseins de Dieu. Elle nous a portés ici , et je remercie ces
instrumens ingénieux qui accélèrent ici-bas la marche des

envoyés de l'Evangile... Seulement à ces hommes réunis loin de nous, à travers la distance, au milieu des splendeurs de l'enivrement, de la richesse, des succès, je crie : Pensez à Dieu !

Puis je regarde Rome.

A Rome, on pense à Dieu. Nulles richesses, nul enivrement, un pauvre prêtre entouré de pauvres prêtres, la faiblesse apparente, des craintes et des adieux avec des prières, trois cents vieillards réunis autour d'un autre vieillard qui est leur père et qui peut leur dire, comme le prince des apôtres : *Seniores obsecro, consenior ego, et testis Christi passionum. Pet. parag. 1).* « Vieillards de l'assemblée sainte, je vous conjure, « vieillard comme vous, témoin et héritiers des souffrances « de Jésus-Christ. »

Eh bien, supposez un moment que ces trois cents vieillards disparaissent de la face de la terre. Au lieu de supprimer les 10,000 capitalistes qui sont à Londres et ce qu'ils peuvent, les 10,000 savants et ce qu'ils savent, supprimez les trois cents vieillards qui sont ici et ce qu'ils représentent, la foi, la vertu, Jésus-Christ, les Saints, l'Eucharistie, l'Evangile, la Croix ! Oui, supposez un moment ces choses de moins dans le monde ! Comment le monde les retrouvera-t-il ? sous quels décombres ira-t-il les rechercher ! Ah ! nous ne sommes pas des capitalistes, des spéculateurs, des industriels ; nous n'avons pas été envoyés aux hommes pour faire des machines : mais nous avons été donnés au monde pour sauver les âmes, et les âmes ont besoin de nous ; et sans nous les âmes mourraient au milieu des richesses ; et si vous nous repoussez, sachez bien que vous attentez aux âmes...... et si vous vouliez porter des mains encore plus insensées que sacriléges sur la pierre fondamentale qui nous porte, essayant de l'ébranler, afin d'ébranler tout l'édifice avec elle ; ah ! redoutez votre triomphe, car vous seriez écrasés vous-mêmes sous les ruines que vous auriez faites !

Mais c'est assez dire ce que nous sommes, ce que nous représentons ; et pourquoi notre concours extraordinaire ci, autour de la chaire du Père des fidèles et du Pasteur des Pasteurs. Voyons maintenant ce qu'est spécialement l'Eglise d'Orient, et ce que, dans cette circonstance solennelle, elle demande de nous et de vous.

II.

Eh bien donc ! M. T. C. F., reposons nous maintenant dans les pensées de l'amour, de la charité évangélique, dans l'inclination de nos cœurs à secourir et à consoler cette Eglise d'Orient, notre sœur, je dirais presque notre mère par son antiquité, son origine et ses premiers bienfaits.

Vous connaissez tous, Messieurs, l'appel qui vous a été adressé par les évêques de l'Orient, qui sont à Rome, par les évêques de Syrie, de Constantinople, de Smyrne, de la Grèce : Ils vous ont exposé les besoins de leurs églises : ils vous ont conjuré de les aider à faire fleurir les chrétientés fidèles, et à ramener à l'unité les schismatiques.

Vous connaissez aussi les lettres admirables par lesquelles notre vénéré Pontife nous exhorte tous à tourner nos regards vers l'Orient, encourage ces églises affligées, et appelle les communions séparées à l'unité, avec toute la tendresse de son âme apostolique.

Vous savez enfin, ou du moins il importe que vous sachiez ce que vous devez, ce que nous devons tous à l'Orient, ce qu'il a été pour nous, et ce que vous pourriez être pour lui... Mon Dieu ! nous oublions trop tout cela ; nous l'oublions, comme on oublie les bienfaits éloignés, mais il importe de s'en souvenir....

Ah ! qu'ils furent beaux les pieds de ces hommes, qui des montagnes de l'Orient, des sommets sacrés du Sinaï, du Carmel, du Thabor, du Calvaire, sont venus nous évangéliser la paix et tous les biens ? *Quam pulchri super montes pedes evangelizantium pacem !* (Is. LII, 7.)

Quel jour ce fut dans l'histoire du monde, que celui où au fond de l'Orient, sur les bords de cette mer célèbre et enchantée, qui nous a tous portés ici, une bouche divine adressa à douze pauvres orientaux ces immortelles paroles : *Ite, docete omnes gentes !* (Matt. XXVIII, 19). Et la parole de Dieu, selon l'expression de l'apôtre, se mit à courir la terre, *currit sermo Dei* (Thes. 3, 1), portant partout la lumière et la vie, plus puissante que la première parole qui avait dit : Que le jour soit. et le jour fut !... Oh ! que l'Orient sera beau à voir, quand les divines clartés qu'il a perdues retourneront vers lui, quand le soleil de la foi, descendant glorieux à l'Occident, renverra ses suprêmes et plus brillantes splendeurs vers les cîmes du Sinaï, du Calvaire, de l'Ararat, vers tous les sommets sacrés de l'univers, éclairant de là toutes les plages, tous les déserts, toutes les rives de l'Afrique, de l'Asie, et les îles inconnues !

L'Orient ! l'Orient ! berceau de toutes les grandes choses de l'humanité ! berceau des races, berceau des langues, berceau des vieilles traditions et de la foi sacrée des peuples !

Mystérieux et fatidique Orient, où la sagesse divine a rendu ses oracles ! où la sagesse humaine allait chercher les vieux souvenirs, les primitives croyances, et cette science blanchie par le temps dont parlait le prêtre égyptien au philosophe de la Grèce !

L'Orient ! antique foyer de toute civilisation, de toute lumière sacrée et profane !

L'Orient ! centre, pendant 4,000 ans, de toutes les affaires divines et humaines ! Oui, pendant 40 siècles tous les regards de l'humanité, toutes ses espérances, tous ses soupirs furent tournés vers l'Orient !

Là les premiers hommes, les premiers ancêtres de l'humanité, entendirent la voix de Dieu !

Là fut le mystérieux et douloureux Eden : au temps de la primitive innocence, là sur le bord de ces quatre fleuves fameux, qui de l'Eden, coulaient vers les quatre points de l'horizon, l'humanité connut un jour le bonheur, trop tôt suivi, hélas ! d'un coup de foudre et d'une affreuse nuit ! Là tout en nous, un moment, fut pur, noble, saint.... et bientôt, hélas ! tout fut troublé, abaissé, flétri !

Là fut rendu le premier châtiment, puis aussitôt après donnée la première promesse, la première espérance : oracles sacrés, répétés de siècle en siècle par tous les prophètes. Oui, toutes les promesses, toutes les bénédictions de Dieu ont été là.

C'est là que Dieu ne tint pas sa miséricorde enchaînée dans sa colère, et ne voulut pas être un seul jour oublieux de ses bontés.

C'est là, pour montrer qu'il n'avait pas rompu avec l'humanité, malgré sa chute, qu'il eut ses premiers amis parmi les enfants d'Adam : Abraham, Isaac, Jacob, dont il aime à se nommer le Dieu, comme s'il voulait s'unir par son nom à la famille des hommes. Lui qui s'appelle « le Roi immortel des siècles, l'Ancien des jours, Celui « qui est. » Il s'appelle aussi le Dieu d'Abraham, d'Isaac et de Jacob, et Jésus-Christ se plaît dans l'Evangile à répéter ces noms de l'amitié divine.

C'est là qu'il refit solennellement alliance avec notre nature, et qu'il y eut un peuple de Dieu sur la terre.

C'est là que toutes les figures du sacrifice qui devait sauver le monde furent montrées aux hommes.

Là parurent tous les hommes divins: non-seulement

les vieux patriarches, mais ce Melchisédech, tout à la fois Roi et Pontife, *Rex et sacerdos* : image par le Pontificat et la royauté, — royauté de justice et de paix, — image du Vicaire de Jésus-Christ. Vous le voyez, Messieurs, le Pontificat royal est ancien comme le monde !

Moïse et Aaron : Moïse; libérateur du peuple de Dieu, et figure du grand libérateur du monde ; Moïse, qui, sur le Sinaï fumant, vit Dieu face à face, et redescendit apportant de là au monde cette incorruptible lumière de la loi qui devait illuminer tous les siècles. *Incorruptum legis lumen incipiebat sæcula dari.* (Sapient).

Là tous les prophètes ont chanté: David, Isaïe, Jérémie; ils chantaient la gloire et les douleurs du Christ, la joie et les tristesses de son Eglise, car toujours, dans les chants sacrés, comme dans les œuvres divines, la joie est unie à la douleur, et le cantique de la victoire précedé des gémissements de l'épreuve.

Et en même temps que les prophètes chantaient, Dieu faisait dans les entrailles de l'Orient, au fond des races humaines, cette lointaine et mystérieuse préparation à l'accomplissement de tous les oracles.

Là passaient les uns après les autres, sous la main de Dieu, ces grands empires que Daniel a vus, préparant le grand empire romain qui les absorba tous, pour faire place lui-même, dans un empire plus grand, à une unité plus haute, terme de toutes les pensées divines.

Et cet empire sans armes, fondé par la foi et par l'amour, ce dernier et souverain empire, où devaient aboutir tous les mouvements des peuples, et se résumer toute l'histoire, cet empire immortel du Christ, c'était toi encore, ô Rome ! qui devais en être la capitale, toi que le travail de l'Orient et du vieux monde pendant quarante siècles enfantait, toi que ta mystérieuse destinée appelait à être deux fois reine du monde.

> *Roma, caput mundi, quidquid non possidet armis,*
> *Religione tenet!*

Et ainsi, tout a commencé en Orient, tout est venu de l'Orient : les plus grands noms, les plus grandes choses de l'humanité, Moïse, Elie, Jésus-Christ; la loi, la prophétie, l'Evangile.

C'est là, sous ce beau ciel, à l'ombre de ces palmiers et de ces térébinthes dont parle l'Evangile, au pied de ces montagnes qui bordent l'horizon, dans ces lieux nommés des noms les plus chers et les plus saints : Béthléem, Nazareth, le Thabor, le Calvaire qu'apparut un jour le plus doux et le plus beau des enfants des hommes, fils d'une pure Vierge, fruit merveilleux de la plus belle fleur de l'humanité, fils de l'homme et fils de Dieu, portant le premier nom avec prédilection, afin de converser plus doucement avec nous et de mieux voiler sa gloire: Jésus-

Christ notre Seigneur, petit enfant de l'Orient, dont les paroles ont éclairé la terre, renversé la sagesse antique , rendu des entrailles au genre humain, ressuscité les morts dans le court passage de Bethléem au Calvaire. *In terris visus est, et cum hominibus conversatus est* (Baruch. III, 38.)

Dans les bourgades, dans les villes, au bord des lacs , dans les déserts, sur les montagnes, les peuples le suivaient en foule; et ouvrant sa bouche divine, il révélait aux hommes les choses du ciel !

O Orient! O Emmanuel! O soleil de justice, que disiez-vous donc? qu'apportiez-vous ?

Il apportait l'illumination des hommes et la rédemption par son sang: car son sang a coulé là, et a consacré à jamais cette terre. Son apostolat divin, c'était, par la croix, l'apostolat de l'amour et de la lumière. A la terre froide et glacée, et endormie dans les ténèbres, il apportait le réveil dans la vérité pure et la céleste charité. Il venait ouvrir au monde ces horizons inconnus, infinis, dont le poète immortel de l'Italie, votre Dante, a dit: « qu'ils n'ont pour confins que la lumière et l'amour. »

Che solo amore e luce ha per confine.

A cette irradiation nouvelle venue de l'Orient, tous les peuples du monde devaient se relever et tressaillir. La voilà , la voilà cette lumière attendue et annoncée par les oracles sacrés et profanés, par toutes les grandes voix elles-mêmes, ô Rome! Voici que s'ouvre cet ordre nouveau de grands siècles , qu'avec toutes les sybilles, ton Virgile a chanté: *Magnus ab integro sæclorum nascitur ordo.* Voici ces mystérieux conquérans, que les peuples, (tes graves historiens, ton Tacite , ton Suétune en sont témoins) attendaient de l'Orient: *Venturos ab Oriente qui rerum potirentur.*

Ils viennent, les voilà !

Quel est, au pied du Capitole, cet homme venu de l'Orient qui tient sur son cœur, cachée sous sa robe de juif, une croix de bois ? Il est là, dans la foule agitée : il voit peut-être passer Néron qui s'en va à sa maison d'or, et qui bientôt le fera crucifier : c'est lui qui doit succéder aux Césars; car c'est lui, un jour, sous le ciel d'Orient, qui a dit à un autre homme : « Vous êtes le Christ, fils du Dieu vivant; » *Tu es Christus, filius Dei vivi!* (1) et c'est à lui que cet homme, fils du Dieu vivant, a répondu : « Simon, fils de Jean, ce n'est pas la chair ni « le sang qui te l'ont révélé, mais mon Père céleste ; et « moi je te dis : Tu es Pierre, et sur cette pierre, je bâti-« rai mon Eglise. »

(1) Mat 16. 16.

Quel est cet autre oriental, qui arrive par cette voie Appienne où a passé tout le vieux monde ? Le voyez-vous, à Pouzzoles, debout sur la poupe du navire, portant avec lui l'Evangile et la fortune du monde, jetant de là un regard impatient sur l'Italie ? Il s'avance jusqu'à ce *forum Appii* et ces *tres tabernas* qui sont là encore · là il rencontre les chrétiens de Rome venus au devant de lui, et consolé, fortifié par leur affection, — car dans sa poitrine d'apôtre il portait un cœur d'homme, et le texte sacré remarque que son cœur avait besoin de confiance, — il en prit, *acceptit fiduciam* (2), et remerciant Dieu, *gratias agens Deo*, il marche en avant, à travers ces fastueux tombeaux que nous voyons encore et les temples des faux dieux, vers cette grande Rome qu'il venait conquérir à Jésus-Christ : c'est Paul, l'apôtre des nations, qui vient finir à Rome, par le martyre, cette grande carrière apostolique commencée à Damas.

Ah ! quand je songe à ces deux hommes, à ce batelier de la Galilée, à cet autre, faiseur de tentes, marchant contre le colosse romain, eux seuls, je suis saisi !

Mais après les apôtres, voici venir d'Orient les hommes apostoliques.

Où va, poussée par les vents et les flots, cette barque sur laquelle sont montés, et voguent s'abandonnant à la Providence, le ressucité de Béthanie, Marthe et Marie, ses sœurs ? C'est dans la vieille terre des Gaules, au doux rivage de Marseille, que les dépose la main de Dieu; et la ville phocéenne, berceau de la lumière et de la civilisation dans notre pays, recevra par eux une lumière et une civilisation plus haute.

Et vous, qui avez vu l'apôtre saint Jean, et vous, disciple de son disciple Polycarpe, ô Pothin, ô Irénée, quittez la riante Ionie, et venez donner à la jeune Lugdunum les glorieuses prémices de la foi chrétienne et du martyre.

Et vous qui avez entendu saint Paul à l'Aréopage, et qui de ce sénat fameux êtes passé à l'école de ce barbare, vous grand saint Denys, c'est jusqu'à Paris, cette ville réservée à de si grandes destinées, encore inconnues, que l'esprit de Dieu vous pousse.

O Dieu ! de quel éclat brillait alors la foi dans cet Orient, qui envoyait sa radieuse splendeur aux plus lointaines extrémités du monde occidental !

Là étaient les grandes Eglises patriarchales, Jérusalem, Antioche, Alexandrie, Constantinople et tant d'autres églises fameuses.

O églises de l'Orient, églises de Jérusalem, d'Antioche, d'Alexandrie, d'Ephèse, d'Athènes, de Corinthe,

______

(2) Act. apost. 28. 15.

de Césarée, de Thessalonique, d'Edesse, de Nicée, de Constantinople ? quels évêques ! quels saints ! quels docteurs vous avez vus sur vos siéges illustres ! Là parurent les premiers apologistes, la se tinrent, à Nicée, à Constantinople, à Ephèse, à Chalcédoine, ces grands conciles où furent définis à jamais les dogmes chrétiens, et que la foi d'un saint Grégoire-le-Grand révérait à l'égal des quatre évangiles.

A cet Orient d'ailleurs, depuis la conquête d'Alexandre, avait été donnée, pour servir au secrets desseins de Dieu dans la propagation de l'Evangile, une langue merveilleuse, cette langue grecque d'une richesse, d'une précision, d'une harmonie incomparable, la langue des philosophes, des poètes, des orateurs, si bien faite, comme le remarquait déjà saint Basile dans son panégyrique de saint Athanase, pour préciser la rigueur de nos dogmes, et en développer la magnificence. Ce furent les Pères orientaux qui soutinrent l'éclat des lettres grecques, et en perpétuèrent la gloire.

Voyez, Messieurs, se lever de toutes ces églises de l'Orient, pendant cinq siècles, ces grandes lumières, ces Pères de notre foi, apologistes, exégètes, théologiens, orateurs ; voyez ces glorieuses pléiades du ciel de la Grèce, saint Justin-le-Philosophe, Miltiade, Quadrat, Méliton, Athénagore, Tatien, Clément, Origène, Eusèbe, saint Basile, surnommé le Platon chrétien, saint Crysostome, la bouche d'or, saint Grégoire de Nazianze, l'harmonieux poète et le divin théologien, saint Athanase, l'invincible éontroversiste, ét tant d'autres noms glorieux, qui entourent encore les chrétientés d'Orient d'une immortelle auréole. La science, l'éloquence, la sainteté, toutes les gloires divines et humaines à la fois étaient là. Qu'elle fécondité ! quel éclat ! quelle vie ! quelle puissance !

Mais hélas ! hélas ! O Constantinople, c'est toi qui as tout perdu !... Tu as tout perdu, lorsque dans un jour d'égarement tu as voulu t'élever et dominer dans ton orgueil ! Ce n'est pas à toi, c'est à Rome qu'a été donnée la Primauté dans l'Eglise... mais tu l'as convoitée, et pour l'obtenir, hélas ! hélas ! tu t'es livrée, tu t'es faite esclave ! tu as voulu conquérir les gloires mondaines, et ton triomphe a été la source de toutes les misères, et l'origine de ce monstrueux empire, despotique et abject, que les nations de l'Europe se fatiguent à soutenir ! Et ton patriarche avili, abaissé, n'a plus été qu'un vil jouet dans les mains de tes despotes couronnés !

Et voilà cependant aujourd'hui ce qu'on voudrait que devînt le Pontife auguste de la Ville éternelle, le guide de notre foi, le père de nos âmes ! Mais non, mon Dieu, jamais ! jamais !

Le schisme livra donc misérablement l'Eglise au pouvoir, et les peuples à l'Islam ; car, bon gré, mal gré, la

liberté des peuples est toujours solidaire de la liberté de
l'Eglise! Constantinople tombée enfin sous le cimeterre
de Mahomet, fut et reste, aux yeux du monde, le plus
lamentable exemple de ce qu'il en coûte aux peuples pour
rompre avec l'unité.

Et c'est ainsi que depuis tant de siècles, ces belles contrées, les plus florissantes de l'ancien monde, gémissent
sous le joug abrutissant des Turcs. Que sont devenues
toutes ces grandes et illustres églises que nous énumé-
rions tout à l'heure avec orgueil? C'est à vous, pieux évêques, qui montriez tout à l'heure à l'Eglise de Rome les
rits vénérables de votre vieille liturgie orientale; c'est à
vous plutôt qu'à moi qu'il appartiendrait de redire ici les
maux de vos églises, leur asservissement, leur pauvreté,
leur détresse, et la terreur de mort que le fanatisme musulman suspend incessamment sur elles! Mais que dis-je?
Les derniers éclats de ce sanglant fanatisme n'ont-ils pas
récemment épouvanté le monde par des horreurs telles
que le soleil n'en avait jamais éclairé de pareilles? Les
plus terribles fléaux de Dieu avaient-ils jamais montré
au monde rien qui approchât des abominables massacres
de Saïda, d'Harbeia, de Rachaya, de Der-el-Kamar, de
Damas?

L'avenir étonné se demandera peut-être comment ce
despotisme et cette barbarie subsistent encore. « Ah!
disait autrefois Bossuet, la politique soutient cet empire
décrépit qui menace ruine; elle fait autour de lui des bar-
rières pour l'empêcher de tomber! » De même encore aujourd'hui, rongé jusque dans ses entrailles, et miné sur
sa base chancelante, ce n'est plus que par l'étrange accord
des puissances chrétiennes qu'il demeure là... On l'em-
pêche de tomber sans pouvoir l'empêcher de mourir, et,
en mourant, d'opprimer, de diviser, d'affaiblir encore les
restes de nos Eglises de l'Orient. Et cependant, des millions de chrétiens gémissent sous son joug, livrés presque
sans défense à sa merci et à sa haine!

Mais laissons ces choses, et ne nous occupons que des
âmes, — quoique le sort des âmes soit bien attaché certes
à ces choses, — et à travers le fer, le feu, le sang, les
horreurs, allons aux âmes, cherchons les âmes!

Grâce à Dieu. l'ombre de l'épaisse nuit qui enveloppe
depuis tant de siècles le triste Orient commence à s'éclairer, et des signes consolans apparaissent. La double ty-
rannie de l'Islam et du schisme qui pèse sur ces malheu-
reuses chrétientés a déjà reçu de profondes atteintes, et
elle va s'usant chaque jour.

Quoi que fasse la politique, la décomposition de l'empire musulman est visible, et sous ses ruines, quand il
tombera, apparaîtront ces nationalités que la sève chrétienne y a conservées. opprimées, mais vivantes Car il
est remarquable, messieurs, que l'Islamisme n'a pas pu

tout absorber dans l'empire turc , et qu'il y a encore en Orient, grâce au Christianisme . des peuples distincts, des Arméniens , des Maronites, des Bulgares, et d'autres, pour qui la question nationale se confond avec la question catholique ; c'est, avec la grâce de Dieu, pour l'avenir de la foi dans ces pays une sérieuse espérance.

Le schisme aussi paraît frappé mortellement. Il est devenu trop évident par l'histoire, que, séparant les peuples du foyer des lumières et de la vie chrétienne, et livrant l'Eglise au pouvoir, le schisme traîne après lui deux inévitables fléaux : l'ignorance et l'asservissement des consciences.

Ah ! pourquoi l'Orient tarde-t-il tant à le reconnaître ? Que ne l'a-t-il compris le jour où nous lui tendions si loyalement la main aux conciles de Lyon et de Florence ! Depuis ce temps, il n'y a point de sérieuses difficultés doctrinales entre l'Orient et nous. Pourquoi l'union, si facile, si désirable, ne s'est-elle pas consommée? Du moins alors, un grand pas a été fait, et depuis ces conciles, si l'on veut me permettre d'emprunter à la langue diplomatique une expression pleine de justesse, il y a pour l'union un protocole ouvert, et chaque Eglise orientale peut, quand elle le voudra, y apposer sa signature.

Il y a plus, et on peut dire que la question d'Orient vient d'être posée solennellement de nouveau dans l'Eglise catholique.

O père commun de toutes les Eglises, ô pasteur des agneaux et des brebis, ô pasteur des pasteurs , malgré les périls qui vous environnent et les soins universels qui vous accablent, que de fois. oubliant vos propres douleurs, vous avez tourné vos regards et votre cœur vers les douleurs de vos fils en Jésus-Christ, les chrétiens d'Orient, appelant sur eux les sympathies et les prières du monde chrétien, et les appelant eux-mêmes à vous avec le plus tendre et le plus paternel amour !

C'est par suite de cette haute sollicitude que tout récemment encore, le Saint-Père donnait à l'Orient, au sein de l'importante congrégation de la Propagande, de nouveaux zélateurs qui se feront un devoir sacré d'étudier les besoins de ces Eglises et mettront tous leurs soins à préparer de plus en plus la réunion si désirée des communions séparées, sans porter atteinte à des rites antiques et vénérables auxquels le Saint-Siége n'a jamais refusé son juste hommage.

Une œuvre d'ailleurs, une œuvre providentielle a été fondée, et c'est en France , messieurs, et, chose remarquable, c'est au sein de l'Institut de France, dans le cœur d'un savant, qui fut l'un des premiers mathématiciens de l'Europe, et aussi l'un des premiers chrétiens du monde, l'illustre et regrettable M. Cauchy, — je suis heureux et fier de prononcer ici son nom, car la reconnaissance pour

les hommes qui ont bien mérité de l'Eglise est un doux
et grand devoir pour tous. — C'est donc dans le cœur de
ce grand homme de bien qu'est née cette œuvre des écoles d'Orient, et on peut dire qu'il s'y est dévoué jusqu'à
la mort, car au milieu de la sécheresse puissante de ses
chiffres et de ses prodigieux calculs, il avait l'âme tendre
comme une sœur de charité.

Cette œuvre, du reste, comme toutes celles qui ont un
grand but et sont suscitées pour de grands besoins, est
évidemment réservée à un grand avenir. Avec quel élan,
messieurs, la France catholique répondit à l'appel, quand
vint l'affreuse nouvelle des massacres et qu'il fut glorieux
au jeune prêtre, que je vois aujourd'hui au milieu de
vous, honoré par le Souverain Pontife de distinctions dont
son cœur et son dévoûment se montrent si dignes, d'être
le député de la charité catholique auprès de nos frères de
Syrie, et de leur porter trois millions au nom de la France
et du monde chrétien.

Venez donc tous, M. T. C. F., avec toute la générosité
de vos cœurs, au secours de l'Œuvre des écoles d'Orient
et l'Œuvre continuera d'envoyer aux Eglises orientales la
double aumône dont elles ont besoin, préparant ainsi, pour
un avenir prochain peut-être, l'accomplissement des desseins miséricordieux de la Providence sur ces pays infor-
tunés.

Tel est, messieurs, l'objet direct de cette réunion et des
paroles que je vous adresse. Ce que l'Orient vous demande, ce que nous lui donnerons aujourd'hui, c'est tout à
la fois l'éclatant témoignage d'une grande sympathie et
l'utile et nécessaire secours d'une large et généreuse aumône.

Vous tous, évêques vénérables du monde entier, qu'ê-
tes-vous venus faire ici ? Pourquoi avez-vous traversé les
mers, laissé vos troupeaux, bravé les fatigues ? Vous êtes
venus au Pape, comme on vient à son père quand il souffre, parce qu'il vous aime et parce que vous l'aimez, et il
vous dit en effet comme un père à ses fils : Vous êtes mon
orgueil et ma consolation.

Jamais, peus-être, il n'a été fait rien de semblable dans
l'Eglise pour satisfaire à un simple besoin de cœur, d'affection, d'union.

Mais le cœur est l'artisan des grandes choses. Vous
êtes venus par un sentiment de piété filiale, et voilà que
votre réunion est, sans que vous l'ayez cherché, un grand
événement.

Eh bien ! notre réunion aura un autre grand effet encore et sera aussi pour les Eglises d'Orient une grande et
inattendue consolation.

Ils l'apprendront et ils en seront fortifiés, tous nos frères d'Orient ; et ceux qui sont restés toujours, avec une
fidélité si courageuse, attachés à l'Unité, et ceux que le

schisme a séparés de notre communion, mais non de notre charité. Ils se diront , Rome , la France, l'Espagne ,
l'Allemagne, le monde catholique tout entier tressaille
d'amour pour les Eglises orientales, et à Rome, devant
trois cents évêques rassemblés de toutes les parties de la
catholicité, un évêque d'Occident a redit les malheurs
passés et les infortunes présentes de nos Eglises, et tous
les cœurs ont été émus.

Evêques catholiques de la Syrie, de l'Arménie, de Constantinople et de Smyrne, vous irez redire à vos fidèles
cette étroite et tendre union des catholiques de l'Occident
et des catholiques de l'Orient dans la charité de Jésus-
Christ, entre les bras et sur le cœur du Père commun ..
Ah ! votre mission de régénération au sein de vos propres
Eglises, et de conquête au sein des Eglises séparées, cette
mission est grande et laborieuse ; mais vous retournerez
encouragés, fortifiés pour votre œuvre par tous les vœux
et toutes les sympathies de l'Occident ; comme aussi
peut-être par le spectacle de nos Eglises, de nos institutions, de notre discipline, de nos séminaires et de nos
écoles, de tous ces foyers d'apostolat et de doctrine of-
ferts à notre clergé séculier et régulier, de tout ce qui fait
enfin notre vie et notre force , et qui, transporté en
Orient, rendrait à vos Eglises leur ancienne splendeur,
et grâce à votre fidèle énergie, fera revivre, avec le zèle et
la doctrine des Basile et des Chrysostôme, la beauté des
anciens jours.

Si vous attendez beaucoup de nous, c'est là, de notre
côté, ce que nous attendons de vous avec confiance.

Mais pour toutes ces œuvres, messieurs, votre concours
est nécessaire, et c'est pour cela que huit vénérables
évêques, quatre de l'orient, quatre de l'occident, vont se
tenir tout-à-l'heure aux portes de cette Eglise, et tendre
vers vous avec joie une main suppliante, vous offrant en
retour de vos dons la reconnaissance de leur cœur et la
bénédiction de Jésus-Christ.

Ah ! messieurs, laissez-moi vous le dire avec toute la
simplicité d'un familier langage, donnez abondamment
pour cette œuvre ; donnez votre plus généreux argent.
L'argent, ce triste mais admirable argent, dont on a dit
qu'il est un mauvais maître, mais un bon serviteur ; triste,
car il sert si souvent au mal ; mais admirable, quand il
sert à la vérité, à la charité, à toutes les grandes choses ;
quand il devient, et il a souvent cet honneur, l'instrument
de l'homme pour les desseins de Dieu. Laissez-moi l'ajouter encore : Vous êtes venus ici avec bonne volonté, quelques-uns peut-être par simple curiosité, mais tous enfin
pour faire une bonne œuvre : eh bien, faites-la meilleure
que vous ne l'aviez prévu. N'est-il pas bon d'être meilleur
qu'on ne semblait le vouloir ? Mon Dieu ! cela arrive sans
cesse ; et pour moi, sans cesse je rencontre des hommes

qui sont meilleurs qu'ils ne le croient. Je n'ai pas la foi, me disent-ils. Si, vous l'avez : seulement le courage vous manque pour vous l'avouer à vous-mêmes. Osez être chrétiens et vous l'êtes. Aujourd'hui aussi ayez la charité plus que vous ne l'aviez prévu ; donnez tout ce qui est sur vous. Vous ne vous êtes pas chargés de manière à ne pas faire commodément le chemin, le retour sera plus facile encore. Il y a la quête, il y a la souscription : pensez aux deux. Pour la quête, donnez tout ce que vous avez en ce moment, sans compter ; pour la souscription, c'est l'affaire sérieuse, qui demande à être faite avec sagesse et réflexion. Vous calculerez donc la souscription, mais ici ne calculez pas, donnez selon votre cœur, et si j'ajoute selon le cœur de Pie IX, ce sera grandement.

Oui, c'est quelque chose de grand qu'il faut faire aujourd'hui, de plus grand peut-être que vous ne pouvez le prévoir ! Savez-vous quelle sera peut-être la portée de votre aumône ?.... Cette pauvre femme de Jérusalem, qui donna à saint Pierre de quoi faire son voyage, savait-elle jusqu'où irait l'apôtre, et ce que ce voyage devait donner au monde ? Dieu seul sait ce que les évêques d'Orient feront de vos dons. Vous, unissez-vous à la pensée de Dieu, et donnez avec la charité et la générosite de cœurs vraiment chrétiens.

Quand je songe à ce que l'Orient a fait pour nous en nous donnant la foi, et que je vois cet Orient plongé dans ces ténèbres où nous serions nous-mêmes si Pierre et Paul n'étaient venus, et courbé sous ce despotisme brutal qui l'opprime et le déshonore, et que je viens à me dire : Mais nous pourrions porter à ces peuples la liberté chrétienne et la lumière, et nous ne le faisons pas... je ne puis m'empêcher d'appeler cette indifférence une coupable et odieuse ingratitude. Oui, nous avons entre nos mains M. F., la régénération morale et la liberté de l'Orient : car le Christianisme, en affranchissant les âmes, délivre et relève les peuples. Il est le père de la vraie liberté, non de celle que prépare le mensonge, mais de celle qui est garantie par la vertu : il est le père de la vraie grandeur des nations : en quelque sens qu'on veuille l'entendre, il est le salut et la vie des sociétés.

Donc, si vous aimez la liberté et la dignité humaine, pensez à l'Orient ; si vous aimez la reconnaissance, pensez à l'Orient ; si vous aimez les âmes, pensez à l'Orient ; si vous aimez Jésus-Christ, pensez à l'Orient. Ah quand je songe que c'est l'Orient qui nous a donné Jésus-Christ.. En retour pouvons-nous lui refuser quelque chose ? Si vous aimez la Sainte-Vierge, pensez à l'Orient... Je n'ai jamais pu voir une femme juive sans penser à la Sainte-Vierge, sans me dire avec émotion que Marie était de son sang et de son peuple ! Enfin, si vous aimez l'Eglise, songez à relever ces Eglises qui languissent, et à rappro-

cher du foyer des lumières et de la vie chrétienne celles
que le schisme a désolées. En un mot, M. F., c'est de
l'Orient que nous avons reçu tous nos biens. Eh bien,
mesurons l'étendue de nos générosités à l'étendue de ses
anciens bienfaits et de ses misères présentes, et marquons
le grand jour qui nous ressemble par un grand acte de
charité, auquel Jésus-Christ puisse donner en retour les
bénédictions de la terre et la récompense des cieux.

Marseille. — Imprimerie V⁰ Marius Olive, rue Paradis, 68.